v. Büchhorns z. 66. Geburtstag!

Karl Lukan · Quergänge

Karl Lukan

Quergänge

Die schönsten Bergsteigergeschichten aus drei Jahrzehnten

Mit 22 Scherenschnitten von Helmut Bögel

Bergverlag Rudolf Rother
München

Bergverlag Rudolf Rother GmbH, München

1. Auflage 1985
ISBN 3-7633-7029-3
Hergestellt in den Werkstätten der Rudolf Rother GmbH
München
(2105/4168)

Vorwort

Im Jahre 1948 waren wir zum erstenmal in den Dolomiten. Dreißig Jahre später feierten meine Frau Fritzerl und ich dieses Jubiläum an der Dibonakante der Großen Zinne. Fünf Jahre später — 1983 — kletterten wir über die Daumenkante auf die Fünffingerspitze. Wieder feierten wir nach genau dreißig Jahren die Wiederbegegnung mit einem Berg unserer Jugend.
Es ist schon ein sehr eigenartiges Gefühl, wieder auf einem Gipfel zu sein, auf dem man zuletzt vor dreißig Jahren gestanden ist. Man glaubt, daß das erst gestern gewesen sei und nichts scheint sich da oben geändert zu haben.
Nur das Bergsteigen hat — so wie alles auf der Welt — eine Wandlung durchgemacht! Als wir im Krieg damit begonnen hatten, da war es noch kein Massensport, da war es bei den Verkehrsverhältnissen ein Kunststück, überhaupt zu einem Berg hinzukommen. Und die Ausrüstung war lausig. Nach dem Krieg hat sich das nur langsam gebessert.
Aber gerade darum, weil damals alles nicht so einfach und so selbstverständlich war, haben wir jede Stunde am Berg und auch das kleinste Erlebnis besonders intensiv erlebt. Hingerissen von der Fülle dieser Erlebnisse, versuchte ich schließlich, einige davon niederzuschreiben und kam dabei immer mehr „ins Schreiben“. Schließlich bat ich Fritz Kasparek, einen der Bezwinger der Eiger-Nordwand, um seine Meinung über meine Berggeschichten. Der fand sie „klass“, und mit einem Vorwort von ihm erschien dann 1952 mein „Kleiner Mensch auf großen Bergen“.
Ich habe dann noch fünf andere Bergerlebnisbücher ge-

schrieben, die nun alle schon lange vergriffen sind. Der Wunsch vieler Bergsteiger von heute, diese „Gschichtln aus alter Zeit“ ebenfalls kennenzulernen, führte zur Herausgabe dieses Auswahlbandes.

Unzähligemale bin ich gefragt worden, ob die Gschichtln alle wahr sind. Sie sind es. Auch von den „handelnden Personen“ ist keine erfunden (nur Hilde und Schwanda leben nicht mehr). Wahr ist außerdem, daß immer viel Wienerisches in unserer Art des Bergsteigens liegt . . . „Es soll vor allem ein Vergnügen sein!“ . . . (auch wenn es dann sehr oft ganz anders kommt).

Später habe ich noch Bücher über andere Themen geschrieben (Etrusker, Alpinarchäologie, Kulturgeschichte). Insgesamt sind es über vierzig geworden und fast alle entstanden in meiner Freizeit, sozusagen als Hobby. Seit meinem 14. Lebensjahr war ich im Berufsleben (als Buchgestalter und Zeitschriftenredakteur) tätig. Als ich am 1. 1. 1984 in den — wie es so heißt — „wohlverdienten Ruhestand“ trat, fand ich, daß das gefeiert werden müsse. Am 1. Mai gingen Fritzerl und ich von Wien weg und am 10. Oktober waren wir in Nizza angelangt. Einmal zu Fuß durch die ganzen Alpen zu wandern, das war die Erfüllung eines großen Jugendtraumes und ebenfalls — „vor allem ein Vergnügen“!

Wien, im Sommer 1985 Karl Lukan

Inhalt

Bergsteigerschule

Die Taferlklasse für den werdenden Bergsteiger ist die Bergsteigerschule. Dort lernt er, wie er das Seil um die Brust zu schlingen hat und wie er es anstellen muß, daß er sich beim Klettern nicht auf die eigenen Hände steigt. Dort wird ihm in Vorträgen klargemacht, daß eine Bussole kein Mohnstrudel mit Augenbrauen ist, sondern ein Ding, das ihm unter Umständen das Leben retten kann, und dort erfährt er staunend, daß der Großglockner *nicht* vom Erzherzog Johann zum ersten Male bestiegen wurde. Aber das Entscheidende sind die praktischen Übungen draußen in den Bergen.

So stand ich in ausgeborgten Bergschuhen und in der Sonntagsknickerbockerhose, mit einer bunten Krawatte um den Hals und einer leisen Beklemmung im Herzen unter der großen Uhr des Südbahnhofes und wartete auf die Bergsteigerschüler und Bergsteigermeister des Kurses. Der Kurs hatte schon Wochen vorher begonnen; ich war ein „Neuer" und kannte noch keinen der Menschen, mit denen ich mich hier treffen sollte. Ich wußte nur, dank einiger Bergfilme, wie ein echter Bergsteiger auszusehen hatte: scharfgeschnittenes braunes Gesicht, eine kurze Stummelpfeife zwischen den weißen Zähnen, Seil um die Brust und Pickel in der Faust . . .

Und richtig, da kam schon so ein verwegener Geselle! Rucksack, einen Trumm Gamsbart am Hut, eine Plätschen von Abzeichen auf der Brust.
Ich pirschte mich zaghaft an.
„I bitt schön, sind Sie von der Bergsteigerschule?"
„Von welcher Schule?"
„Von der Bergsteigerschule! Vom Kletterkurs!"
„Aber Kinderl, was fällt dir denn ein! Ich und Bergsteigen? Nein - ich fahre in meinen Schrebergarten nach Mödling."
Diese Enttäuschung mußte überwunden werden. Aber dann sammelte sich doch die Schar: lauter lustige Burschen und Mädchen, auch ältere Leute, die sich lebhaft begrüßten. Mich begrüßte niemand. Um als „Neuer" nicht gar so aufzufallen, bemühte ich mich, meine Dazugehörigkeit zu der Klettergilde durch ein kühnes Gesicht zu dokumentieren. Es muß eine schauerliche Grimasse gewesen sein, denn ein Mädel fragte mich besorgt, ob mir schlecht sei . . .
Wir fuhren auf die Hohe Wand. Als der Zug in Meidling hielt, überlegte ich stark, ob ich nicht doch lieber aussteigen sollte, denn die Gespräche über Überhänge, Abseilmanöver und Hinunterfliegen hatten mir stark zugesetzt.
„Was war denn dein schwerster Klettersteig bis jetzt?" hatte mich einer der Kursler gefragt, und als ich, um zu imponieren, log: „Der Preintalersteig auf der Rax!", hatte er gemeint, das sei kein Steig, sondern eine Schotterhatscherei . . .
Über den Springleßsteig stiegen wir zum Hubertushaus auf. Nach dem Essen wurde gesungen. Vom Alpinisten, der die Welt beherrscht, die Welt, die hoch in weiße Wolken ragt, und von den Kameraden der Berge, die von oben die Welt sehen. Und als dann das übermütige „Und unter Donnerwettern durch Kamine klettern" erklang, war ich froh, daß

ich doch nicht in Meidling ausgestiegen war, sah mich schon über steile Wände emporklettern und fühlte mich wohl bei dem Gedanken, auch bald so ein trutziges Mannsbild zu sein, wie es diese Bergler in den Liedern sind . . .
Am frühen Morgen des nächsten Tages standen wir am Fuße des Baumgartnerturmes und wurden angeseilt. Bevor wir zu klettern begannen, hielt mir, dem Neuen, der Leiter des Kurses, Hans Schwanda, noch eine kleine Bergpredigt. „Das Seil ist mehr als ein Hilfsmittel für den Bergsteiger. Es verbindet dich mit deinen Kameraden zu einer Gemeinschaft, die nichts, nichts trennen darf, bevor das Ziel, der Gipfel, erreicht ist. In einer Seilschaft steht wirklich einer für den anderen da. Die geringste Nachlässigkeit deinem Kameraden gegenüber kann auch für dich das Ende bedeuten. Denke immer daran und werde ein guter Bergkamerad!"
Feierlich war mir zumute, als ich die ersten Schritte im Fels tat, Griff um Griff, Tritt um Tritt mich höherschob und den Waldboden immer tiefer unter mir liegen sah. Noch einmal Nachkommenlassen, peinlich genaues Seileinholen - dann standen wir brav beisammen auf dem winzigen Gipfel des Turmes und reichten uns die Hände. Ich hatte meinen ersten Gipfel erklommen.
Weitere Seilschaften folgten, und bald umschlang uns nicht nur das Band der Bergkameradschaft, sondern auch das eines heillosen Seildurcheinanders, dessen Entwirrung den Führern viel Schweißtropfen und noch mehr saftige Flüche entlockte. Während alle den silberweißen Schneeberg bewunderten und dem Flug der Falken zusahen, dachte ich die ganze Zeit nur daran, wie wir alle wieder ohne Schaden von diesem kühnen Turm hinunterkommen würden.
Nachmittags wanderten wir über das Plateau zur Hohe-

Wand-Straße, und dort machten wir den „Stoanagerlsteig“. Ein ausgesetzter Höhlenüberhang war da zu überwinden. Auf unserem Standplatz im Höhlengrund mußten wir den Kopf weit in den Nacken zurücklegen, um Schwanda, der den Überhang spielend meisterte, besser zusehen zu können. Ein kühnes Bild war das! Mir allerdings wäre es lieber gewesen, ich hätte da oben auf dem Überhang weniger Kühnheit und mehr Sachen zum Anhalten und Draufstehen gesehen. Das Seil wurde immer weniger, immer weniger . . .
„Nachkommen!“
Ganz wohl war mir da nicht zumute in meiner Haut. Aber es ging leichter, als es von unten ausgesehen hatte, und ich kam zu der Erkenntnis, daß es beim Bergsteigen auch nicht anders ist als im Leben: daß Schwierigkeiten aufhören zu sein, wenn man darangeht, sie zu überwinden. Am frühen Abend wanderten wir die Straße entlang zur Bahn. Die Sonne versank hinter den Bergen und eine feuchte Kühle legte sich über das Land. Eifrig erzählten wir einander von den Abenteuern, die wir an diesem Tag erlebt, von den saftigen Kletterstellen, die wir bezwungen hatten, und was für kühne Gesellen wir allesamt sind. Immer wesenloser wurde der Berg, der uns so viel gegeben hatte, in der Dunkelheit der Nacht, bis er dann schließlich als dunkle Silhouette aufging im Enden des Tages . . .

Was ist ein Königreich wert?

Diese Frage haben weder blutige Schlachten noch dickleibige Wälzer klären können. Eine schneidige Bergfahrt im Toten Gebirge hat es zutage gebracht, was ein Königreich nicht wert ist. Und das kam so:

Der „Eiserne Eduard" hatte seinen Namen davon, daß er alles, was er besonders bekräftigen wollte, mit einem markigen „Eisern!" in die Hand versprach. Galt es einer Nordwand – „eisern", daß Edi mithielt. Galt es ein Mädchen nach Hause zu bringen – „eisern", daß Edi bis zum Haustor mitging. Galt es bis zum Urlaub soundsoviele Schillinge zusammenzukratzen – „eisern", daß Edi alle seine Tanten und Onkel so lange ansang, bis . . . Kurz und gut, beim „Eisernen Eduard" war alles „eisern".

Als wir eines schönen Tages beschlossen, ins Tote Gebirge zu fahren, war es „eisern", daß der „Eiserne Eduard" auch mit dabei war. Schon wegen des blöden Witzes, der bei uns hartnäckig über das Tote Gebirge kursierte . . .

Haben da nämlich einmal zwei kleine Buben darüber gestritten, wessen Vater der interessanteste sei: „Hast du schon etwas vom Großglockner gehört?" trumpfte der eine auf, „den hat mein Vater noch gekannt, wie er ganz klein war!" – „Und hast du schon etwas vom Toten Gebirge gehört?",

gab der andere kontra, „das hat mein Vater erschlagen!“ Dieses erschlagene Tote Gebirge wollte Edi schon lange kennenlernen . . .
Von Hinterstoder stiegen wir schwer keuchend unter der Last unserer Rucksäcke zum Prielhaus auf. Die Sonne brannte heiß herab und am liebsten hätten wir uns alle für eine geraume Weile ins kühle Gras geworfen: die durchfahrene Nacht lag uns noch schwer in den Knochen. Aber der bergsteigerische Geist trieb uns weiter. Es war zwar nur mehr ein Geistchen - aber immerhin. Hinter jeder Wegbiegung glaubten wir schon die Hütte zu sehen . . .
Da ertönte auf einmal ein Freudengeheul der vorangehenden Freunde. Hei, wie das unsere matten Beine antrieb! Als wir um die Ecke bogen, sahen wir aber nicht die Hütte, sondern einen riesigen Stoß von klobigen Holzscheiteln. Daran hing eine Tafel:

„Lieber Tourist, nimm mit ein Scheit,
denn die Hütte ist nicht mehr weit!“

Auch gut, haben wir gesagt, und jeder ein Scheitel geschultert. Nur der „Eiserne Eduard“ nicht! Er habe sooo einen schweren Rucksack und da müsse er sich schon einen leichten Prügel aussuchen, beteuerte er uns. Ärger wie eine Dame im Hutladen kramte er in dem Holzstoß herum, prüfte, wog und verwarf alles als zu schwer befunden. Endlich hatte er das richtige Scheit gefunden. Das trage er jetzt, ohne abzusetzen, bis zur Hütte hinauf, versicherte er uns. Und weg war er. Eisern!
Bei der nächsten Wegbiegung trafen wir ihn wieder.
Schweiß perlte von seiner Stirne. Verzweifelt starrte er auf das Holzscheitel zu seinen Füßen . . .

„Das Scheitel da ist doch schwerer als alle anderen. Ich glaub schier, mir drückt es das Kreuz ab . . .“
Stur wie eine Mulikolonne zogen wir an ihm vorbei. Von der Hütte war noch immer nichts zu sehen. Doch: „Die Hütte ist nicht mehr weit!“ So war zumindest auf der Tafel gestanden! Aber als wir die Scheitel schon mindestens ein dutzendmal von der rechten auf die linke und von der linken auf die rechte Schulter geschupft hatten und von der Hütte noch immer nichts zu sehen war, da hatten die lieben Touristen nur mehr einen Wunsch: dem Dichter dieses neckischen Versleins alle die Holzscheiteln aufladen zu können. Damit er einen Begriff bekomme, was weit ist . . .
Alles nimmt ein Ende. Endlich konnten wir die Scheiteln in hohem Bogen vor die Hütte hinwerfen. Die Hüttenwirtin strahlte vor Freude übers ganze Gesicht. Wir rieben eine Viertelstunde lang unsere schmerzenden Schultern. Vom „Eisernen Eduard“ war weit und breit noch nichts zu sehen. Nach einer Stunde war er immer noch nicht da. Hatte er sich verlaufen? War er am Ende gar zusammengebrochen? Eine Rettungskolonne schickte sich an, den „Eisernen Eduard“ zu suchen.
Da tauchte eine wankende Gestalt am Waldrand auf: unser Edi! Während wir grinsend auf dem Hüttengeländer saßen und ihn mit Hoppauf-Rufen zum Endspurt anfeuerten, kroch Edi matt wie eine Oktoberfliege im Dezember die letzten Serpentinen zur Hütte herauf. Als er diese erreichte, konnte er gerade noch das Scheitel fallen lassen – fast wäre es ihm auf die Zehen gefallen –, dann sank er ermattet auf eine Bank . . .
Der „Eiserne Eduard“ hatte das Kunststück zuwege gebracht, auf der Suche nach dem leichtesten Scheitel das allerschwerste zu erwischen. Eisern!

Am nächsten Tag stieg ich mit Hilde und Edi in den Spitzmauer-Nordpfeiler ein. Einige Seillängen leichte Schrofen, dann waren wir mitten in den Überhängen. In einem kleinen schwierigen Kamin scharrte Hilde verzweifelt nach einem Tritt. Immer wieder glitten ihre Kletterschuhsohlen von dem glatten Fels ab. Da bot Edi galant seine Schulter als Tritt an. Dankbar nahm Hilde an. Aber es langte noch immer nicht. Sie fragte, ob sie auf seinen Kopf steigen dürfe. Sie durfte. Jetzt ging es mit einemmal. Um fünfzig Kilo leichter, atmete Edi auf, zog die Tabakdose aus seiner Hosentasche und wollte sich zur Belohnung eine Zigarette drehen. Da zog Hilde am Seil. Das Seil strich über Edi hinweg, riß ihm die Tabakdose aus der Hand . . . ein Krampfschrei Edis . . . und die Dose entschwand in der Tiefe . . .
Die Größe dieses Ereignisses kann nur ein Raucher in seiner ganzen Tragweite ermessen. Denn als dies geschah, schrieb man 1946 und Tabak wurde da mit Goldstaub aufgewogen. Es war die Zeit, wo ein auf vierzehn Tage in der Haindlkarhütte eingeregneter Bergsteiger all den Kräutertee, den die Hüttenbesucher im Laufe der Jahre zurückgelassen hatten, verraucht hatte.
Edi wäre am liebsten der Dose nachgesprungen. Ich auch . . .
Die herrlichen Kletterstellen des Pfeilers ließen uns dann aber schnell den Verlust vergessen. Wir schwelgten in festen Griffen, genossen die herzerhebenden Tiefblicke und freuten uns an dem schönen Tag. Als wir in zweidrittel Pfeilerhöhe für eine Weile rasteten, fehlte uns zur vollkommenen Glückseligkeit nur unsere Tabakdose. Aber die lag irgendwo unten im Kar . . .
„Ein Königreich für eine Zigarette!“ rief Edi aus und sah

wehmütig in die Tiefe hinunter. Was Hilde zu der Feststellung Anlaß gab, wie wenig doch das mit dem „starken Geschlecht“ stimme . . . Doch wie unrecht unser kleines Lästermäulchen mit dieser Bemerkung hatte, sollte sich bald erweisen.

Steigbaumstelle am Spitzmauer-Nordpfeiler.

Wie ein Recke aus der Kreuzritterzeit stand der „Eiserne Eduard“ bei einem Mauerhaken auf schmaler Leiste in steilster Wand, während ich auf seinen Schultern balancierte und wie ein Heide fluchte, weil der entscheidende Griff noch immer um gute dreißig Zentimeter höher war . . .

Etwa zwanzig Meter weiter rechts gab es zwar einen Riß, der durch diesen Wandgürtel ebenfalls eine Durchstiegsmöglichkeit bot, aber der verlangte so eindeutig einen Herkules als Bezwinger, daß wir uns mit ihm von Anfang an nicht einließen. Mit einer Wassersuppe im Magen kann man in solchen Kraftrissen leicht das Fliegen lernen. Und das wollten wir nicht!

Darum, die Kletterschuhe ausgezogen und hinaufgestiegen auf Edis Haupt! Mit den Zehen verbohrte ich mich haltsuchend in seinen nach Veilchenpomade duftenden Haaren und dankte Gott, daß ich nicht mit einem glatzköpfigen Partner in den Pfeiler eingestiegen war. Aber noch immer fehlten uns zehn Zentimeter! Daß sich dieser Sakra auch die Haare so kurz schneiden ließ!

Da entdeckte Edi ober seinem Kopf ein nußgroßes Loch im Fels. Mit beiden Händen preßte er die große Zehe meines rechten Fußes in dieses Loch, während ich mich dem entscheidenden Griff entgegenstreckte. Ui, war das eine kitzlige Sache!

Erstens, weil ich nun ohne Halt wie eine Fliege an der Wand klebte und zweitens, weil ich auf den Fußsohlen schrecklich

kitzlig bin und das Gekrabbel von Edis Fingern mich zu hysterischem Lachen brachte. Doch kitzlig kann man auf der Badewiese sein – an einer Stelle, wo der Totenhansl ums Eck schaut, wird dies zum Luxus . . .
Schwapp! Da hatte ich aber auch schon den Griff. Jetzt Klimmzug und . . .
Ja, Schnecken – irgendwo hing ich fest.
Noch einmal zurück auf Edis Haupt. Der begann schon langsam unter der Last meines Gewichtes zu ächzen und – zu wanken!
„Raunz net! Bleib lieber grad stehen!" ermahnte ich ihn liebevoll.
„Eisern! Steh schon wieder! Eisern!" gab der „Eiserne Eduard" zurück und ich spürte es direkt, wie eine eiserne Kraftwelle seinen Körper durchlief.
Schwapp! Wieder hing ich an dem bewußten Griff. Jetzt Klimmzug und . . .
Ja, Schnecken – noch immer hing ich irgendwo fest.
Wieder kehrte ich reumütig zurück auf Edis Haupt. Aller guten Dinge sind drei. Jetzt muß es gelingen, und wenn der Knödel einen Gulden kostet!
Schwapp! Griff. Jetzt Klimmzug und . . .
Ja, Schnecken! Schon wieder hing ich fest. Da sah ich etwas, was mir fast die Augen heraustrieb! An dem Seil, das von meiner Brust zu Edi lief, hielt sich dieser seelenruhig an . . .
„Dolm, damischer! Wirst mein Seil auslassen!" fauchte ich den Unglücksraben erbittert an. Erschrocken ließ der sofort das Seil aus . . .
Klimmzug – hau ruck – oben war ich!
Während ich für die Kameraden zwei zusammengeknüpfte Steigschlingen in einem Haken einhing, ordnete Edi seine

zerstörte Frisur, die, wie er Hilde traurig versicherte, einer zertretenen Wiese glich.

Flott kamen Hilde und Ederl an den Schlingen heraufgeturnt. In einer kleinen Höhle fanden wir uns alle wieder. Hilde hatte vom „starken Geschlecht" wieder Hochachtung gewonnen. Aber eine Zigarette wäre jetzt wirklich gut gewesen. Ein Königreich für eine Zigarette . . .

Der Weiterweg zum Gipfel lag offen vor uns. Wir liefen mit unserem Übermut um die Wette. Dann fielen Seil und Haken von uns ab und ein lauter (wenn auch schauerlich falscher) Jodler schallte hinaus ins Oberösterreicherland - der Gipfel war unser.

Für die nächsten zehn Minuten hatten unsere Augen genug damit zu tun, die Schönheiten des unter uns ausgebreiteten Landes aufzunehmen: da sah man hinunter auf die grünen Wiesen um Hinterstoder und hinein in die stillen Kare des Toten Gebirges, dort erblickten wir die Gesäuseberge und dort, wo weiße Wolken wie Rauchschleier über blinkenden Firnen hingen, dort mußte der Dachstein liegen . . .

Apropos: Rauchschleier . . . Ja, zu rauchen wäre jetzt etwas gut gewesen!

Sosehr wir aber unsere Taschen nach wenigstens einem Zigarettenstummel durchsuchten - außer Brotbröseln, Sand und ungültigen Straßenbahnfahrscheinen kam nichts zum Vorschein. „Das eine steht fest", brummte Edi, „wenn ich auf die Hütte komme, dann kaufe ich mir eine Zigarette - und wenn sie ein Königreich kostet!"

Durch den Auerkamin stiegen wir ab. Einmal Abseilen, daß der Hosenboden rauchte, und bald darauf standen wir im Kar.

Unsere Mägen, die seit der Früh von uns nichts vernommen hatten, begannen zu knurren. Aber dort unten lag das Priel-

haus, dort gab es Erbsensuppe und Haferflocken, dort . . .
„ . . . dort kaufe ich mir eine Zigarette. Und wenn sie ein Königreich kostet!" knurrte Edi. Das Zigarettenkaufen um ein Königreich war zu einer fixen Idee von ihm geworden. Eine halbe Stunde später zogen wir in das Prielhaus ein. Und wieder eine halbe Stunde später betraten wir gewaschen, geschneuzt und gekämmt den Gastraum. Mit Falkenaugen erspähte Edi sofort einen zigarettenbesitzenden Gast.
„Bittschön, können Sie mir zwei Zigaretten verkaufen?"
„Gern!"
„Was kostet eine?"
„Drei Schilliing, Selbstkostenpreis . . ."
„Wa-wa-was? Drei Schilling? Dann bitte nicht! Dankschön!"
Der Herr war nobel, er hat dem Edi die Zigarette auch so gegeben. Aber jetzt war es klar, was ein Königreich wert ist. Oder vielmehr, was es nicht mehr wert ist.
Nämlich: drei Schilling!

Eine Modetour

Auch Berge sind einmal „dran“ – wie ein neues Hutmodell, ein neuer verrückter Tanz, kurz wie alles, das sich mit dem Wort Mode in Verbindung bringen läßt: man spricht davon, man muß sie gemacht haben. Man ist nicht man, wenn man nicht ...

Im Sommer 1946 kam Freund Hubert Peterka mit strahlendem Gesicht in unsere Bergsteigergruppe und erzählte begeistert von einer Neutour, die ihm soeben in der Dachsteingruppe gelungen war. Es war die Südwestverschneidung des Hochkesselkopfes. Hubert sprach von dieser Tour wie ein zum erstenmal verliebter Jüngling von seiner Holden, wie ein Weinbeißer von einem neuentdeckten guten Tröpferl, wie ein Dichter von seinem letzten Werk. Aber er wäre kein Erstbegeher gewesen, wenn er das nicht getan hätte! Erstbegeher loben immer ihre Erstbegehungen. So wie eine Mutter ihr Kind. „Lohnende Tour“ oder „Herrliche Kletterei in festem Gestein“ oder „Prächtige Genußkletterei“ heißt es da in ihren Berichten - auch wenn die ganze Sache in Wirklichkeit nur ein aufgestelltes Schotterfeld ist, oder eine steile Grasplantage, wo einem die Brennesseln in den Mund wachsen.

Bei der Hochkesselkopf-Verschneidung war es aber anders. Schon nach zwei Monaten hatte sie fünf Begehungen. Und

alle Nachfolger Huberts waren sich einig, daß diese Tour zum Schönsten gehöre, was sie je gemacht hatten . . .
Im nächsten Jahr war die Hochkesselkopf-Verschneidung unter den Wiener Kletterern bereits ein Begriff und jeder zweite Bekannte, den man traf, begann lang und breit und begeistert von den Schönheiten dieser Tour zu schwärmen.
Im übernächsten Jahr war die Frage: „Hast du schon die Hochkesselkopf-Verschneidung gemacht?“ der neue alpine Gruß . . .
Im überübernächsten Jahr wurde derjenige, der diese Frage zaghaft mit „Nein“ beantwortete, wie ein Tatzelwurm angestaunt. „Was? Du hast noch niiicht die Hochkesselkopf-Verschneidung gemacht?“
Im überüberübernächsten Jahr war man in alpinen Kreisen nicht mehr gesellschaftsfähig, wenn man noch nicht die Hochkesselkopf-Verschneidung gemacht hatte . . .
So weit stand es also vier Jahre nach der Erstbegehung um diese Tour. Und Hilde und ich kannten sie noch immer nicht! Wohl gab es keinen Meter in der ganzen Verschneidung, den man uns noch nicht geschildert hatte, und ganz genau wußten wir, wie und wo die entscheidenden Griffe zu erlangen waren. Wir brannten nach dieser Klettertour. Daß wir sie noch nicht gemacht hatten, lag nur an unseren abgebrannten Geldbörseln. Aber so konnte es nicht weitergehen! Wir entschlossen uns zu radikalen Sparmaßnahmen. Drei Sonntage fuhren wir nicht weg. Wie gefangene Löwen spazierten wir nachmittags im Beserlpark auf und ab. Aber in einem Tempo, daß sich die übrigen Spaziergänger, denen man beim Gehen die Schuhe neu besohlen konnte, verwundert nach uns umsahen. In den drei Wochen gab es kein Kino, keine Zigaretten, kein Eis und keinen Opernstehplatz. Wer mit der Mode gehen will, muß Opfer bringen.

Ein herrlicher Bergmorgen war es, als wir die Hofpürglhütte verließen. Schön gemütlich, fast immer eben, wanderten wir den Linzerweg entlang. Dort, wo sich der Linzerweg zum Reißgang hinaufwindet, versteckten wir die Bergschuhe hinter einem Felsblock und zogen die Kletterschuhe an. Zwei Wanderer kamen des Weges daher . . .
„Ah, ihr zieht da schon die Kletterschuhe an? Und anseilen tut ihr euch wohl auch schon?“ frug uns der eine sehr von oben herab und grinste dabei hämisch.
„Ja, die Kletterschuhe ziehen wir uns an!“
„Na, wir gehen da noch ohne Kletterschuhe! Und ohne Seil! Wir sind geübte Alpinisten!“
Worauf die zwei geübten Alpinisten verwegene Gesichter schnitten und mutig über den zwei Meter breiten Serpentinenweg durch den Reißgang emporzustapfen begannen. Serpentine um Serpentine. Ohne Kletterschuhe! Und ohne Seil!
Wir folgten einem Schafsteiglein, das zum Fuß des Hochkesselkopfs hinführte. Dabei scheuchten wir eine Schafherde auf, welche uns, da sie anscheinend gerade Zeit hatte, das Geleit gab. Das war sehr freundlich von den Schafen und sehr peinlich für uns. Weil man uns nämlich von der Ferne aus inmitten der weißen Herde leicht für zwei schwarze Schafe halten konnte. Pfeilgerade unter dem Einstieg der Verschneidung blieb der Leithammel stehen und begann gräßlich zu blöken. Die Herde folgte seinem Beispiel und an die achtzig Schafaugenpaare richteten sich erwartungsvoll auf uns. Wir zwei schwarzen Schafe kamen die ganze Zeit nicht von dem Gedanken los, daß auch diese Hammelherde sich schon bereitwillig in den Dienst der Hochkesselkopf-Verschneidungs-Fremdenverkehrswerbung gestellt hatte . . .
Nachdem wir uns von unseren Begleitern verabschiedet hat-

ten, begannen wir den Schrofenvorbau emporzuklettern. Es folgte ein riesiges Schneefeld, welches uns in eine Eisgrotte brachte. Hier war der eigentliche Einstieg.
Die Eisgrotte war der würdige Auftakt der Verschneidung. Riesige Eissäulen wuchsen aus einem kleinen Eissee empor, wie Dolche in einer Waffensammlung hingen die Eiszapfen an den Wänden der Grotte, welche dickes Wassereis gleich einem Vorhang verhüllte. Und da war ein Raunen und Glucksen, ein Glitzern und Flirren, welches die Grotte belebte, erfüllte und einem Ort aus der Feenwelt gleichen ließ. Nur der abgerissene Hosenknopf, das Schokoladepapierl und der Steinmann auf dem Boden der Tatsache sprengten diese Vorstellung . . .
Ein enger Kamin leitete uns aus dem Eisbergwerk in eine wilde Felslandschaft. Gute Nacht mit Rosenwasser, da sollten wir hinauf? Ohne einen einzigen Mauerhaken? Und eine Genußtour sollte das sein? Sogar das Ideal einer Damentour? Wobei eine Damentour für den zünftigen Kletterer ungefähr dasselbe bedeutet, wie für einen weltberühmten Konzertpianisten, auf dem Klavier mit zwei Fingern „Alles neu macht der Mai" zu klimpern . . .
„Sind wir da auch richtig?" forschte meine Dame und musterte mißtrauisch den Riesenüberhang über uns. „Die Verschneidung schaut unmöglich aus und ist in Wirklichkeit leicht!" hatte uns jeder der Hochkesselkopf-Verschneidungs-Enthusiasten gesagt. „Man muß immer schneidig in ihr höher steigen. Bevor es dann nicht mehr geht, findet sich stets ein Ausweg!" So haben wir auch getan und so war es auch. Immer fand sich ein Ausweg. Entweder nach links oder nach rechts. Es kam nur darauf an, daß man schneidig höher stieg . . .
Und das taten wir auch. Meter um Meter. Seillänge um Seil-

länge. Der Riesenüberhang ließ sich an seiner Flanke schön umgehen; der steile Dreißig-Meter-Riß ließ sich gut ausspreizen, und die abdrängende Hangelfuge bot dort, wo es brenzlig wurde, einen prächtigen Scherbenhenkel an, bei dem man nicht nein sagen konnte.

Die Kassette, in welcher alle Begeher dieses Weges ihre auf einen Zettel gekritzelten Namen hinterlegt hatten, war schon zum Bersten voll und glich einem Büro-Papierkorb gegen Wochenende. Es ist etwas Schönes um dieses Kramen in Wand- und Gipfelbuchkassetten: die verblichenen Namen auf den feuchtmodrigen Papieren werden in der Erinnerung zu Menschen, mit denen man auf irgendeiner Hütte gescherzt und gelacht, mit denen man auf irgendeinem Gipfel einen Händedruck getauscht hat, oder mit denen man irgendwann und irgendwo auf einen Berg gestiegen ist. Da spürt man, daß die Bergsteiger eine große Familie sind. Es ist auch manchmal heiter, dieses Kramen in Wand- und Gipfelbuchkassetten: „Brächtige Genustur" stand da zum Beispiel auf einem Zettel in schweren klobigen Lettern zu lesen. Wir sahen hinunter ins Kar: vierhundert Meter fiel die Wand senkrecht ab. Die Perspektiven hatten sich verschoben. Die Orthographie verlor merklich an Bedeutung – das Anhalten war in der „Brächtigen Genustur" doch wichtiger!

„Was ist eigentlich der Genuß beim Bergsteigen?" frug mich einmal ein würdiger Herr. „Kann man beim Klettern überhaupt einen Genuß haben?" Ich versuchte es ihm zu erklären. Erzählte vom ästhetischen Faktum der vom Willen gebändigten Bewegung, sprach von den inneren Erlebniswerten des Über-der-Tiefe-Seins, und zog als Fazit die Formulierung, daß der Bergsteiger von einer Genußkletterei spreche, wenn sich seine körperliche wie seelische Kraftaufgabe in rationellen Grenzen bewege. Der würdige Herr hat mich daraufhin unendlich liebevoll angesehen. „Sehr schön, wirklich sehr schön!“ antwortete er mir dann im milden Ton des abgeklärten Mannes. „Aber glauben Sie nicht, daß es noch viel mehr Genuß bedeutet, wenn man unten im Tal in einem Lehnstuhl liegt, zu den Bergen hinaufsieht und sich freut, daß man da nicht hinaufsteigen muß?“ Seither habe ich keinem Menschen mehr zu erklären versucht, was beim Bergsteigen Genuß sein kann.

Eine Parallele zu diesem geistigen Aneinandervorbeigehen zweier Menschen mußte ich auch in der Hochkesselkopf-Verschneidung erleben:

Zu den besonderen Attraktionen dieses Weges gehören die zwei „Zisternen“: zwei an die zwanzig Meter tiefe Schächte mit glatten Mauern rundherum. Zwei Wunder der Natur, die aussehen, als ob sie Menschenhände mühevoll geschaffen hätten. Im Spaß haben wir Freund Hubert oft gefragt, ob er es war, welcher diese Schächte gebohrt hat. Damit er weiß, was im Berg drin ist. Aber er war es nicht! Bei ihm waren die Schächte auch schon! Also doch Wunder der Natur . . .

Hilde blieb gedankenvoll am Rand eines der Schächte sitzen. Von dem Naturwunder sichtlich ergriffen, sah sie mit forschenden Augen in die geheimnisvolle Tiefe. Schon wollte ich einen geistvollen Vortrag über die gestaltenden Kräfte der Natur vom Stapel lassen, da begann sie zu reden . . .

„Weißt du, Karli, was schön wäre? Wenn du da unten sitzen würdest und ich da oben! Ich würde an einer Schnur eine Wurst zu dir hinunterbaumeln lassen und die würdest du nicht eher bekommen, als bis du schön brav ‚Bitte, bitte!‘ gesagt hättest!“

Zu solchen Gedanken regen die Wunder der Natur eine Frauenseele an, von welcher man immer behauptet, daß sie

zart und empfindsam sei! Die Wandstelle nach den Zisternen war so schön, daß ich sie am liebsten gleich wieder hinunter und noch einmal hinauf geklettert wäre. Das war kein Klettern mehr, das war ein traumhaftes Hochschweben über eine Götterwand. An die graue Plattenwand malerisch hingelehnt stand Hilde und bediente das Seil, welches von meiner Brust weg in weitem Bogen durch die Luft schwang . . .
„Dem Manne, der das Klettern erfunden hat, gehört ein Denkmal gesetzt!" rief ich entzückt aus.
„Dem Manne? Das konnte genau so gut auch eine Frau gewesen sein!" gab Hilde kriegerisch zurück.
„Hüttenruhe! Eröffne da keine frauenrechtlerischen Debatten, sondern tu lieber so, wie wenn du sichern würdest!" stoppte ich diese Attacke. Aber Hüttenruhe wurde trotzdem nicht! Denn meine Ermahnung, daß Hilde so tun sollte, als ob sie sichern würde, löste einen neuerlichen Proteststurm aus. Empört erklärte mir die kleine Frauenrechtlerin, daß sie nicht nur so tue, als ob sie sichern würde, sondern tatsächlich sichere! Und dies so einwandfrei, daß ich ruhig ins Seil fallen könne, mit der Gewißheit, von ihren rosigen Patschhändchen gehalten zu werden . . .
Trotz dieses verlockenden Angebotes habe ich verzichtet, es darauf ankommen zu lassen, nach einem Vierzig-Meter-Salto von rosigen Patschhändchen gehalten zu werden und habe lieber mit meinen eigenen derben Pfoten fester zugegriffen. Eins, zwei, drei - hauruck! - und ich stand über dem abdrängenden Überhang, der die Götterwand abschloß.
Einige Minuten später hatten wir die leichten Gipfelschrofen erreicht. Gemächlich bummelten wir dem Gipfel zu. „Schade!" haben wir dort gesagt, „Schade, daß es vorbei ist!" Dann haben wir uns beim Steinmann niedergelassen,

abwechselnd an Schokolade und einem Stück Schnee gelutscht und festgestellt, daß wir nun nichts mehr brauchten, um restlos glücklich zu sein. Und es war nicht mehr zu diesem Glück notwendig, als eine Handvoll Schnee, ein Rippchen Schokolade, ein bisserl Sonnenschein und die Erinnerung an die vergangenen Stunden im steilen Fels der Hochkesselkopf-Verschneidung.

Dann ratterten wieder die Räder des Zuges und wir fuhren dem Alltag entgegen. Als der Zug in Gstatterboden einfuhr, hielten wir Ausschau, ob unter den Gesäusetigern nicht auch Freunde von uns wären. Und richtig, da kamen schon ein paar so Gesellen mit braunen Gesichtern und in abgetippelten Schnürlsamthosen. Das übliche Fragen nach dem Woher begann . . .

„Hast du schon die Hochkesselkopf-Verschneidung gemacht?“ frug ich den Seppl, der gerade eine dicke Scheibe Wurst in seinen Mund schob.

„Mmmmmmmmnein!“ gab er verlegen kauend zur Antwort.

„Waaaaas? Du hast noch niiiiiicht die Hochkesselkopf-Verschneidung gemacht?“

Da wußte ich, daß auch ich zu einem der Hochkesselkopf-Verschneidungs-Enthusiasten geworden war.

Karwendelabenteuer

Der Höferstock-Louis, wenn der sich in die Hände spuckte und dann eins-zwei-drei so ein Kletterschulwandel hinaufrauschte, blieb uns jungem Grünzeug vor Staunen der Mund offen. Ja, der Louisl, das war ein Klettergott! Nicht mehr der Jüngste, aber noch immer nervig beisammen. Später wurden wir gute Freunde.

Und noch später, als ich dann in den Krieg mußte, war der Briefwechsel mit Louis das einzige, das mich mit den Bergen der Heimat verband. Louis schrieb mir, daß der Franzl auf Urlaub da war und den Blechmauernriß gemacht hat, und was es sonst noch Neues in der Klettergilde gab. Ich schrieb ihm immer, daß ich vor Bergsehnsucht schon ganz krank sei und hoffe, daß ich den Krieg „xund" überstehe, um dann alles Versäumte nachholen zu können. Eines aber stand in Louisls wie in meinen Briefen immer drin: „Wenn wir den Krieg überleben, dann machen wir die Lalidererwand!"

Den Krieg haben wir beide überlebt. Fünf Minuten vor dem Zusperren hatte man mir noch das rechte Handgelenk durchschossen, aber trotzdem die Hand steif blieb, war es jetzt so weit, daß der Laliderer-Wunschtraum Wirklichkeit werden konnte.

Die Nachkriegszeiten waren nicht rosig. Um als Großstädter

drei Wochen in den Bergen leben zu können, mußte man entweder ein Schleichhändler sein - oder ein Bergsteiger! Wir waren Bergsteiger.
Unser Karwendelurlaub begann daher himalajamäßig. Den Proviant für drei Wochen mußten wir - zwei Mannsbilder und drei Mädchen - auf unseren Rücken von Schwaz auf die Falkenhütte schleppen. Unser Proviant: 25 kg Erbsen und Bohnen, 20 kg Brot, 20 kg Fleischgemüsekonserven, 10 kg Polenta und ein Sack mit 50 kg Kartoffeln. Dazu kamen noch Kunstspeisefett-Ersatz, Gewürz-Ersatz, Kunsthonig-Ersatz usw. Das letzte Stück hinauf zur Falkenhütte waren wir schon so blau, daß wir uns bald über die eigene Zunge „derfallen" hätten!
Aber dann waren wir auf der Hütte und vor uns stand die Lalidererwand. Herrgott, war das eine Wand! Über achthundert Meter hoch. Und steil! Und so unheimlich!
Dort bei der Rampe war der Einstieg. Dort in dem Rißsystem mußte es weitergehen. Dann kam die Schlucht. Dann die Schlußwand. Und dort in dem Schartel mußte der Ausstieg sein. Der Dibona-Weg lag klar vor uns . . .
Fünfzehn Stunden später.
Fester umklammerten die Finger den Fels, die Fußspitzen tasteten nach einem winzigen Vorsprung, fanden Halt, langsam drückte sich der Körper hoch, langsam und vorsichtig, um das Gleichgewicht zu bewahren. Zögernd löste sich die rechte Hand vom Fels, streckte sich nach einem feinen Rißchen aus, verkrallte sich in ihm, die Linke griff nach, auf winziger Rauhigkeit fanden die Kletterschuhe neuen Halt . . .
Achthundert Meter ist die Wand hoch.
Uns schien sie ins Unendliche zu wachsen. Wir sahen nicht das Blau des Himmels, uns leuchtete nicht das Grün der Al-

men. Mit jedem Meter, den wir der unheimlichen Wand abrangen, versank der graue Karboden immer mehr ins Wesenlose und damit auch der Alltag . . .
„Seil aus!“
Vierzig Meter Wand waren wieder gewonnen. Der Körper verklemmte sich in einem engen Felsspalt, die Hände umspannten das Seil, zogen es langsam ein . . .
„Nachkommen!“
Vorsichtig kletterte Louis nach.
Wasser tropfte über die kalten Felsen herab. Der Filz der Kletterschuhe fand auf dem glitschigen Gestein nur wenig Halt. Wir kletterten weiter!
Steine surrten an uns vorbei. Ihr Aufschlagen im Kar war nicht mehr zu hören. Wir kletterten weiter!
Ein Griff brach mir aus. Eine Sekunde lang kämpfte ich um das Gleichgewicht. Aber da hatte ich auch schon wieder einen festen Zacken. Wir kletterten weiter!
Gegen Mittag hatten wir die schwersten vierhundert Meter der Wand unter uns. Einen Happen Brot und ein Zigaretterl durften wir uns jetzt wohl gönnen.
„Gut ist es bis daher gegangen. Hoffentlich haut das Wetter weiter so hin!“
„Schöne Leute haben auch schönes Wetter!“
Träge kräuselte sich der Rauch unserer Zigaretten.
Aber was war das? Die Luft war mit einem Mal so seltsam drückend geworden. Vom Gipfel der Lalidererspitze fielen schwere Nebel wie ein riesiger Wasserfall die Wand entlang in die Tiefe. Ein dumpfes Grollen war zu vernehmen. Dann hüllten uns die feuchten Nebel ein, und verschwunden waren Kar und Gipfel. Alles war grau um uns. Grau in Grau!
Ein Regentropfen! Noch einer . . . noch einer! Zischend erloschen unsere Zigaretten.

Und dann begann der Tanz! Schwere Hagelkörner prasselten vom Himmel, schlugen knatternd auf die Felsen, sprangen uns ins Gesicht. Ein immer stärker werdendes Rauschen wurde in der Schlucht laut - rrrum, eingeschlagen hat's! - und da kam auch schon meterdick das Wasser durch die Schlucht herab . . .

„Jetzt stehen wir da mit dem gewaschenen Gesicht!" brüllte ich Louisl ins Ohr.

„Schöne Leute haben schönes Wetter!" höhnte er zurück.

Nach einer Viertelstunde ging das Hageln ins Schneien über. Wir hatten jetzt praktisch nur mehr eine Möglichkeit, und die hieß Rückzug! Aber da waren die langen Jahre, in denen wir von dieser Wand geträumt hatten. Ein wilder Trotz erfaßte uns und die Vernunft unterlag. Wir wählten die Möglichkeit, die unter diesen Umständen kaum mehr als solche anzusprechen war: hinauf! Hinauf, durchbeißen durch den Schnee zum Gipfel!

Es wurde härtester Kampf!

Auf den Felsen lagen zentimeterhoch Hagelkörner und Schnee. In dem Flockenwirbel sahen wir nur mehr auf zwei bis drei Meter. Von Orientierung war keine Rede mehr. Wo es halbwegs ging, kletterten wir hinauf. Schwer oder nicht schwer: hinauf, nur hinauf!

Immer mehr schneite es!

Naß waren wir bis auf die Haut, jede Bewegung in den feuchten Kleidern wurde zur Qual. Die von der Nässe aufgeweichten Finger waren steif und gefühllos und das dick aufgequollene Seil hatte das Gewicht einer ausgewachsenen Kabelrolle. Oft schien uns der Weiterweg hoffnungslos verrammelt. Da probierten wir dann da und dort, bis wir irgendwo eine Bresche fanden. Oder nach zwanzig Metern draufkommen mußten, daß es auch hier nicht ging. Da mußte ich dann wieder frei diese Stellen abklettern. Denn Mauerhaken zum Abseilen durften wir nicht opfern. Die mußten wir aufsparen. Wir wußten ja nicht, was uns noch alles bevorstand . . .

Immer finsterer wurde es!

Ich stand inmitten gewaltiger morscher Überhänge. Nein, gerade weiter ging es nicht mehr. Ich erinnerte mich der Routenskizze. Das waren schon die Überhänge, unter denen man die Schlucht nach links verlassen mußte. Wenn nur der scheußliche Nebel ein wenig aufreißen würde! Oder wenn es wenigstens zum Schneien aufhören würde! Lauter „wenns"! Also begann ich wieder abzusteigen . . .

Von Louisls Stand querte ich waagrecht nach links. Sandige, moosbedeckte Felsen, auf denen noch dazu Schnee lag. Ohne Griff, ohne Tritt, ohne das kleinste Ritzchen für einen Mauerhaken! Theoretisch ungangbar. Aber es mußte sein! Es war ein Gang auf Sein oder Nichtsein. Mehrmals rief mir der Freund zu, ich solle umkehren, es sei Wahnsinn, was ich da treibe. Aber war nicht alles, was wir seit Mittag trieben, Wahnsinn?

Als ich nach vierzig Metern unter einem Überhang auf einem etwa zwanzig Zentimeter breiten Postamentl Stand fand, lief mir der Schweiß über das Gesicht herab. Aber ich hatte es geschafft!

„Nachkommen!" brüllte ich in die Nebelwand hinein, in der das Seil nach vier Metern verschwand. Louisl begann zu klettern. Einige Meter schien es ganz gut zu gehen. Dann stockte das Seil . . .

„Karl", kam es dumpf aus der Nebelwand, „Karl, ich zieh mir die Kletterpatschen aus. So einen Sandhaufen gehe ich lieber barfuß!"

Ja, der Louisl war ein alter Barfußgeher! Louisl war der lebende Schwierigkeitsmesser! Solange er in Kletterschuhen ging, war es noch nicht so schlimm; erst dort, wo er die Patschen auszog, war es „äußerst schwierig“. Diese Sandtraverse war also „äußerst“ und der Schwierigkeitsmesser Louis hatte trotz des Schnees reagiert. Eine bisserl kalte Angelegenheit war dieses Barfußgehen. Aber bitte: des Menschen Wille ist sein Himmelreich!

Da drang ein fürchterlicher Schrei aus der Nebelwand zu mir. Nur ein Schrei. Dann war es still. Mucksmäuschenstill . . .

„Louisl, Louisl, was ist geschehen?“

„Karl, mir sind die Kletterpatschen über die Wand hinuntergefallen!“

Die Kletterpatschen über die Wand hinuntergefallen . . . der Schnee . . . ja, das ist ja furchtbar! Servus mit Linsen – jetzt hatten wir den Salat . . .

Als der Louisl bei mir war, war es finster. Biwak! Wir räumten sofort den Rucksack aus und Louisl stellte seine Füße hinein. Dann schlugen wir einige Mauerhaken, banden uns daran fest und krochen unter den Schlafsack. Zum Sitzen war keine Möglichkeit. Wir mußten im Seil hängend die Nacht verbringen.

Zum Nachtmahl gab es aufgeweichtes Brot und eine kalte Fleischgemüsedose. Mit den Fingern fischten wir die Erbsen und Kartoffelstücke einzeln aus der hohen Dose. Das Fleisch war ganz unten. So lange Finger hatten wir nicht. Wir nahmen einen Mauerhaken zu Hilfe. Das Fleisch schmeckte ein bisserl nach Eisen und Rost – aber die Dose wurde so bis auf die letzte Fleischfaser ausgeputzt. Dann drehten wir uns aus dem kümmerlichen Tabakrest jeder eine Zigarette. Eine Schmalspurige, mit mehr Papier als Tabak.

„Daß mir das mit den Patschen passieren mußte“, murmelte Louis, „aber weißt du, meine Finger waren schon ganz steif und wie ich die Patschen ans Seil knüpfen wollte, da waren sie auf einmal weg! Was wird jetzt aus uns werden? Was machen wir morgen?“

„Was aus uns werden wird? Gar nix! Weitergehen tun wir!“

„Ja, Karl, ich geh schon. Aber meine Füße gehen dabei drauf!“

Ja, mein guter Louis, das weiß ich, daß deine Füße draufgehen! Aber wenn wir hier sitzenbleiben, gehen wir beide ganz drauf. „In der Lalidererwand erfroren“, würde dann in der Zeitung stehen. Hinunter könnten wir die vereiste und verschneite Wand nicht mehr. Jetzt nicht mehr! Dazu haben wir zu wenig Haken zum Abseilen. Und wenn wir um Hilfe rufen, dann kann die Bergwacht in frühestens zwei Tagen bei uns sein. Bis dahin sind wir zwei tote Klumpen Gefrierfleisch. Und dann ist es gar nicht so sicher, ob man unser Hilfeschreien durch den Nebel überhaupt hören würde. Nein, unsere Chancen liegen allein in uns selber. Selber müssen wir die zweihundert Meter hinauf zum Gipfel. Selber müssen wir uns retten. Aber wie gut wäre jetzt ein Teller heiße Suppe! Oder eine Decke! Oder ein trockenes Hemd! Unten im Tal, in den Dörfern und Städten, gehen die Menschen jetzt zu Bett. Vielleicht schauen sie vorher noch zum Fenster hinaus und freuen sich, daß sie ein Dach über dem Kopf haben. Vielleicht auch nicht. Wenn man noch nie gehungert hat, weiß man ja auch nicht, was ein Stück Brot wert ist. Wir zwei, wir wissen es, was ein Dach über dem Kopf wert ist! Und wenn wir wieder hinunterkommen zu unserer Hütte, werden wir uns darüber freuen, daß sie ein Dach hat? Aber was sind das für blödsinnige Gedanken? Sich darüber freuen, daß die Falkenhütte ein Dach hat? –

Traumgedanken? Jetzt, wo Schlafen und Träumen der kalte Tod sein würde? Nicht einschlafen, Bürschchen, nicht einschlafen! Einschlafen, das wäre der Anfang vom Erfrieren! Und das darf nicht sein! Das darf nicht sein . . .
Mit Zähneklappern und Freiübungen verbrachten wir die Nacht. Als es zu tagen begann, war rings um uns eine Winterlandschaft! Gut zwanzig Zentimeter Neuschnee waren in der Nacht gefallen.
Steif und ungelenk krochen wir aus dem Schlafsack. Louis wickelte sich Taschentücher um die bloßen Sohlen. Den Rucksack wollte er auf jedem Standplatz zum Draufstehen benützen. Damit er nicht im Schnee stehen muß . . .
Dann begann ich zu klettern. Die Hände wühlten im Schnee. Sorgsam fegte ich von den Tritten den Schnee ab. Für Louis. Für Louis, der mich da unten sicherte. Sorgfältig sicherte. Obwohl sich seine Füße schon blau verfärbten und die Kälte in ihnen unbarmherzig höherkroch. Für den fünfundvierzigjährigen Louis, der von Kindheit auf seine ganze Liebe den Bergen schenkte und der jetzt zusehen mußte, wie seine Füße abfroren. Seine Füße, die ihn immer wieder in die Berge getragen hatten. Sorgsam fegte ich von Tritten den Schnee ab. Dies war alles, was ich für Louis tun konnte. Meter für Meter mußten wir der Wand abringen! Die Augen brannten durch den Nebel, wollten den Gipfel sehen. Doch der Vorhang von grauem Nebel und fallendem Schnee blieb undurchdringlich. So einsam kamen wir zwei uns in dieser Wildnis aus Fels und Schnee vor. So unendlich einsam!
Dann war die Haut von Louisls Fußsohlen durch! Jeder seiner Tritte und Schritte hinterließ eine rote Spur im Schnee. Eine blutigrote Spur . . .
„Louis, zieh meine Patschen an!“
„Nein, Karl, erstens passen sie mir nicht, und zweitens

brauchst du sie als Erster notwendiger als ich! Geh nur weiter. Ich geh dir schon nach!"

So kämpften wir uns durch den Schnee weiter. Bei guten Verhältnissen braucht eine gute Seilschaft von dort, wo wir biwakiert hatten, bis zum Ausstieg eine Stunde. Wir gingen von acht Uhr früh bis vier Uhr nachmittags. Dann standen wir in knietiefem Schnee beim Ausstieg . . .

„Karl, jetzt graut mir vorm Klettern!" meinte Louis und schnitt mit dem Taschenmesser den gefrorenen Seilknoten durch. Und dann: „Jetzt weiß ich erst, was ein Mensch alles leisten kann!" Stumm standen wir eine Weile vor dem Abgrund und sahen zu, wie der fallende Schnee unsere letzten Tritte in der Wand immer mehr und mehr zudeckte, bis dann nichts mehr kündete, daß aus dieser Tiefe Menschen heraufgekommen waren. Das war unsere Gipfelviertelstunde . . .

An einen Abstieg über den Spindlerweg durch die Ladizturm-Nordwand zur Falkenhütte war unter diesen Umständen nicht zu denken. Es blieb uns nur der Abstieg ins Roßloch und dann weiter zur Kastenalpe. Keine Kletterei, aber ein schier endloser Weg.

Der Abstieg ging besser als wir uns vorgestellt hatten: wir setzten uns einfach auf den Allerwertesten und rodelten so über die steilen Schneehalden hinunter. Wir mußten dabei nur aufpassen, daß diese Rutschpartie nicht an einem Felsabbruch jäh zum Flug wurde. Und das war das Spannende an der ganzen Angelegenheit, denn man hatte in dem grauen Chaos kaum auf zwei Meter Sicht.

So kamen wir rasch tiefer. Aber dann kam das Geröll. Aus war es mit der Rutschpartie. Stumm trottete Louis hinter mir drein. Seine Füße sahen furchtbar aus: zwei dickgeschwollene blutigrote Fleischklumpen . . .

„Louis, machen wir aus dem Rucksack Sandalen für dich!"
„Nein, Karl, wir müssen schauen, daß wir hinunterkommen! Unsere Mädeln ängstigen sich um uns!"
Ja, das war's! Was werden sich wohl die armen Dirndln denken? Louisls Nichte Liesl, deren Freundin und Hilde. Den zweiten Tag waren wir schon fort und sie saßen in der Hütte unter der unheimlichen Riesenwand und sahen durchs Fenster hinaus in das wüste Schneetreiben. Wenn sie vor die Hütte traten und in die Nebelwand unsere Namen riefen, gab ihnen nicht einmal das Echo Antwort auf ihr Rufen. Und doch wußten sie, daß da droben irgendwo in dieser weißen Hölle Menschen waren, um die sie bangten!
Wir hasteten weiter talwärts. Die Schneedecke wurde dünner und die flaumigen Schneeflocken wurden allmählich dicke schwere Wassertropfen. Der Nebel begann aufzureißen, zum erstenmal nach langer Zeit sahen wir wieder andere Farben als Grau und Weiß. Einige hundert Meter unter uns stand eine Schafherde eng aneinandergedrängt im strömenden Regen. Kaum hatte der Leithammel uns erblickt, stieß er ein jämmerliches Geblöke aus und schon setzte sich seine salzlüsterne Herde in Trab. Und dann standen wir mitten drin in einer stoßenden, drängenden und schiebenden Fellmasse . . .
„Jetzt sind wir nicht mehr allein!" meinte Louis.
Nein, jetzt waren wir nicht mehr allein! Wir fühlten uns so wunderbar geborgen inmitten der mit warmem Leben erfüllten struppigen Schafleiber. Leben war um uns, sinnlos drängendes, blökendes Leben . . .
Im rechten Hang des Talgrundes sahen wir eine kleine Hütte. Louis sollte darin bleiben. Ich wollte weiter, die Mädchen verständigen und dann mit Schuhen, Verbandzeug und Essen wiederkommen.

Jetzt war ich allein. Ich versuchte einen Dauerlauf. Jede Minute, die ich früher zu den Mädchen kam, war eine Minute banger Sorge weniger für sie. Sapperment, von meinen Kletterschuhen beganen sich die Sohlen zu lösen! Das hatte noch gefehlt! Mit Spagat vereitelte ich diese Selbständigkeitsbestrebungen. Nach einigen hundert Metern war die Schnur durchgetreten und mußte erneuert werden. Zuerst gingen sämtliche Schnüre meines Anoraks drauf, dann die Hammerschnur, und am Ende schnitt ich die notwendigen Schnüre vom Seil ab . . .

Die grüne Isar tobte und toste in ihrem Bett. Gut, bei solchem Hundewetter muß man toben. Daß aber diese Furie vor lauter Wut aus ihrem Bett sprang und sich rauschend über den Weg warf, das war doch ein bisserl zuviel des Guten! Bis zu den Knien vom eiskalten Wasser umspült, watete ich oft Hunderte von Metern dahin.

Nacht war es schon, als ich die Kastenalpe erreichte. Warmer Feuerschein schimmerte durch das schmale Fenster der Hütte. Ein bärtiger Senner trat aus der Tür . . .

„Grüaß Gott! Von wo kimmst denn du her?"

„Von der Lalidererwand. Das Wetter hat uns gestern erwischt. Mein Freund ist in der Halterhütten geblieben!"

„Von der Lalidererwand? Bei diesem Wetter? Und da lebst noch, Manderl?"

Ja, das Manderl lebte noch! Und als es dann beim warmen Feuer saß, eine Schale heiße Milch und ein Stück Brot in der Hand, da wußte es erst, wie wunderwunderschön eigentlich das Leben sein kann. Die Hirten luden mich ein, die Nacht bei ihnen zu verbringen. Gern, allzugern, wäre ich geblieben. Aber auf der Falkenhütte warteten die Mädchen und auf der Halterhütte der Kamerad. Ich, nur ich, konnte diesem Warten ein Ende bereiten. Ich mußte weiter, immer weiter! Und wenn mir auch die Augen während des Essens zufielen. Schlafen . . . wie schön . . . schlafen . . . nur ein bisserl . . . dann geht es doppelt so gut weiter . . . schlafen . . .

Als ich wieder erwachte, war das Feuer schon im Verglimmen. Die Senner saßen noch immer auf der Ofenbank und sogen an ihren Pfeifen. Der Wind fuhr durch den Kamin und regenschauer schlugen ans Fenster. Draußen war es finstere Nacht . . .

„Gehst?“

„Ich muß!“

„Dann alles Gute!“

Ein Stück Schafkäse wurde mir noch in die Hand gedrückt, der eine Senner leuchtete mir mit der Stallaterne zur Tür hinaus, ein kleines Stück Weges hatte ich noch das Licht im Rücken. Dann war es finster und ich war wieder allein. Allein stolperte ich durch die Nacht. Oft rannte ich an einen Baum, daß der Schädel nur so krachte und mir die Funken um die Augen spritzten. Dann war wieder die Sohle herunter und ich mußte sie im Finstern anbinden. Um im Gehen nicht einzuschlafen, begann ich zu singen. „Das Wandern ist des Müllers Lust“ und „Heut’ kommen die Engerln auf Urlaub nach Wien.“ Wie es grad kam. Die ersten Häuser von Scharnitz tauchten auf. Von Scharnitz auf die Falkenhütte sind es noch immer gute sieben Stunden! Weiter, immer weiter. Ein Perpetuum mobile in Menschengestalt. Der Morgen graute. Weiter, immer weiter. Linker Fuß, rechter Fuß, linker Fuß, rechter Fuß . . .

Dann stand ich vor dem Karwendelhaus. Hier werde ich eine Suppe essen, dachte ich. Auf Kredit, denn Geld hatte ich keines bei mir. Vorausgesetzt, daß man mir in meinem Aufzug überhaupt einen Kredit gab. Ich trat ein. Drei Gestalten

in Regenpelerinen standen im Vorraum. Die eine drehte sich um... „Karli!"
Hilde, Liesl und Gretel waren es. Sie waren auf dem Weg nach Scharnitz, um die Bergwacht. Eine hoffnungslose Sache, hatte man ihnen zwar gesagt! Bei einem solchen Unwetter in Bergnot zu geraten, das überlebt kein Mensch. „Jetzt weiß ich erst, was ein Mensch alles leisten kann", hatte der Louis beim Ausstieg gesagt. Und jetzt war ich da! Alle drei Mädchen fielen mir um den Hals. Mir, dem unrasierten, fürchterlich aussehenden, nassen Karwendelschreck!
Liesl und Gretel machten sich sofort auf den Weg zu Louis. Sie kamen aber nur bis Scharnitz. Dort begegneten sie einem Krankenwagen. Darin war Louis. Man brachte ihn nach Innsbruck ins Spital . . .
Denn das war der Tragödie zweiter Teil gewesen. Als ich Louis verließ, war er in der Hoffnung, sich in der kleinen Hütte ein Riesenfeuer anzünden zu können, zurückgeblieben. Die Hütte war versperrt. Es gab keine Möglichkeit, in sie einzudringen. Louis mußte weiter. Auf allen Vieren. Durch die Isar und über spitze Steine . . .
„Der Zurückgebliebene, welcher seine Füße mit der Unterwäsche umwickelte, um sie zu schonen, suchte seinen Weg, bis ihn die Dunkelheit zwang, ein zweites Mal im Freien zu übernachten. Beim Morgengrauen am Donnerstag erreichte er ebenfalls die Kastenalpe in gänzlich erschöpftem Zustand. Seine Füße wiesen Erfrierungen zweiten Grades auf und bluteten aus vielen Wunden. Von der Kastenalpe wurde die Bergwacht in Scharnitz verständigt, die ihrerseits wieder das Rote Kreuz in Innsbruck von dem Unfall benachrichtigte. Es wurde auf die Kastenalpe ein Rettungswagen entsandt, welcher den Verunglückten trotz schlechtester Wegverhältnisse nach Innsbruck in die Klinik brachte."

– So stand es am übernächsten Tag unter der Überschrift „Zwei Nächte bloßfüßig im Schnee“ in der Zeitung zu lesen. Eine kleine Sensation – nein, nur ein Sensatiönchen für die Leser der Morgenzeitung. Nur für Louis und für mich war dies alles ein bisserl mehr gewesen . . .
Am nächsten Tag saß ich bei den freundlichen Sennern der Ladizalm und versuchte den Weltrekord im Milchtrinken zu brechen. Den Weltrekord brach ich nicht. Aber als ich dann wieder zur Falkenhütte hinaufwankte, war mir so, als ob die ganze Milch, die ich getrunken, in meinem Magen durch die Bewegung wie in einem Butterfaß zu einem Klumpen steinharter Butter geworden wäre. Ich mußte wieder Kräfte sammeln. Übermorgen ging es schon wieder auf schwere Fahrt. Diesmal auf etwas extra Feines . . .
Auf dem Karwendelhaus hatte ich nämlich einen zünftigen Innsbrucker kennengelernt, der für ein französisches Jugendlager die Rolle des Bergführers übernommen hatte. Damals waren es gerade fünfundzwanzig Mädchen. Lauter Madeleines, Susus, Lulus und Frou-Frous in kurzen Höschen und bunten Pullovern, die sich die Berge lieber von unten ansahen. „Schier zum Hinwerden isch dös. I mecht schon wieder so gern was Zünftiges anreißen und hab koan Partner“, fluchte der Schiendl-Rudi. Mir ging es jetzt auch so. Rasch wurden wir einig. Den Auckentaler-Weg und die Schmidt-Krebs-Route kannte der Rudi schon. Aber der Rebitsch-Hias hatte da im vergangenen Jahre eine schneidige Neutour durch die Grubenkarspitze-Nordpfeiler-Westwand gelegt. Mit dem Rainer-Kuno war Rudi schon an die zweihundert Meter in der Wand drin gewesen. Dann hatte sie ein Wolkenbruch wieder hinuntergeschwemmt . . .
„Weaner, packen wir die zweite Begehung?“ fragte Rudi.
„Gilt schon!“

„Übermorgen komm i rauf auf die Falkenhütten und überübermorgen steigen wir ein!“
Und Rudi kam. Nicht allein. Fünfundzwanzig bildhübsche Französinnen gaben ihm das Geleite. Die eine trug sein Seil, die andere den Kranz Mauerhaken, und wieder eine andere die Kletterpatschen. Rudi trat auf wie ein Kletter-Rhadames! Es fehlte ihm nur ein Tragbaldachin über seinem Haupt. Für die nächsten Stunden glich die Falkenhütte einem Bienenhaus. Der Madeleine und der Susu, der Lulu und der Frou-Frou mußte Rudi genau die Route durch die Wand erklären. Sein Abschied von den fünfundzwanzig Schönen war herzzerreißend! Jede einzelne wünschte ihm viel, viel Glück und versicherte ihm, daß sie Tag und Nacht an ihn denken würde . . .
Um acht Uhr früh stiegen wir in die Grubenkarspitze-Nordpfeiler-Westwand ein. Lange kletterten wir seilfrei. So oft einer den anderen fragte, ob es jetzt nicht Zeit zum Anseilen sei, kam ein verbissenes „Nein!“ zur Antwort. Denn Rudi kletterte für Innsbruck und ich für Wien!
Bei einem glatten überhängenden Pfeiler wurde es aber ernst. Mir kam der Pfeiler ein bisserl komisch vor, doch Rudi meinte, daß es da, und nur da, hinaufgehe. Und schon hatte er sich die Mauerhaken umgehängt und begann hochzusteigen. Nach zehn Metern schlug er den ersten Haken . . .
„Rudi, da links geht es viel besser!“
Rudi hörte nicht. Er schlug einen zweiten Haken. Dann einen dritten. Einen vierten, einen fünften . . . Ich sah immer nach links. Dort mußte es doch viel einfacher zu klettern sein. Aber wenn sich so ein Kletterer irgendwo verbissen hat, dann läßt er nicht locker. Für Rudi handelte es sich gar nicht mehr darum, ob es hier oder dort besser ging. Hier

setzte ihm der Berg Widerstand entgegen, hier mußte er ihn brechen. Erst als er nach einer vollen Stunde diese dreißig Meter geschafft hatte, wurde er wieder vernünftig und rief mir zu: „Hascht recht ghabt, Karl, drüben wär es besser gegangen. Aber das ischt dafür ein sauberes Stückerle!"
Dankschön für das saubere Stückerle!
Innsbruck und Wien kamen gut höher. Zwei Herzen und ein Sinn. Nur die Seilkommandos klangen anders. Das wienerische „Ziag's Leinl ein!" zum Beispiel hieß auf tirolerisch „Tua's Soal nache!" Wir wechselten nach jeder Seillänge in der Führung. Bei der Schlüsselstelle kam ich zum Führen dran.
Die Schlüsselstelle war ein überhängender Riß, der in eine glatte Wandstelle überging. Am Rißende steckte ein melancholisch nach abwärts gebogener Mauerhaken. Ich überlegte: bis zum Haken dürfte mein Armschmalz reichen, ohne daß ich vorher einen Zwischenhaken schlagen mußte - aber der Haken, der muß dann halten, sonst . . .
„Der Haken hält!" beruhigte mich Rudi. „Wenn der Rebitsch-Hias einen Haken stecken läßt, dann steckt der so fescht, daß du einen Elefanten daran anhängen kannscht!"
Wer würde mitten in der Grubenkar-Nordpfeiler-Westwand einen Elefanten an einen Mauerhaken hängen wollen? Und warum überhaupt? Mich mußte der Haken halten! Mich!
Ich klemmte einen Karabiner zwischen die Zähne und begann zu klettern. Immer näher kam ich dem Haken. Es war auch Zeit, denn ich spürte schon, wie mein Armschmalz immer weniger und weniger wurde. Noch zwei Meter, ein Meter . . .
Schnapp - der Karabiner biß in den Hakenring. Das Seil eingehängt . . .
„Rudi! Zug!"

Da! Ein Ruck – der Haken war zur Hälfte herausgegangen! Jetzt ging es um Sekunden! Ich mußte rasch einen anderen Haken anbringen! Wo ist eine Ritze? Da! Nein, der Haken steht an! Da! Ein Pecker mit dem Hammer . . . klirrr . . . der Haken sprang aus dem Loch und verschwand auf Nimmerwiedersehen. Geschwind einen anderen Haken! Hinein damit in dieses Loch! Fünf hastige Hammerschläge. Hält er? Gott sei Dank – er hält! Karabiner eingehängt. Seil eingehängt . . .

„Rudi, Zug!"

Klirrend sprang da der Rebitsch-Elefantenhaken, an dem ich bisher gehangen hatte, aus dem Loch und schlitterte das Seil entlang hinunter zu Rudi. Ich drückte mich hoch, benützte den Mauerhaken als Tritt, griff hoch, zog mich hoch, spreizte hoch und erreichte eine kleine Nische, in der ich verschnaufen konnte. Und in der Nische ging mir der Hut hoch, denn jetzt merkte ich erst, daß es schon wieder regnete . . .

„Rudi, was tun wir?"

„Das ischt nur so ein Übergangerl. Wegen die paar lötzen Spritzer lassen wir uns nit aufhalten!"

Gut, bleiben wir dabei, daß diese „lötzen Spritzer" nur ein Übergangerl sind! Das Wasser rieselte uns zwar bald den Rücken entlang, doch wir ließen uns nicht aufhalten. Innsbruck und Wien waren wetterfest!

Eine Rißgabelung teilte uns in zwei gegnerische Lager. Innsbruck war für links, Wien für rechts. Hatte der Rudi unten am Pfeiler seinen Tiroler Dickschädel aufgesetzt, so wollte ich nun meine Wiener Extrawurst haben. Über eine halbe Stunde werkte ich an einem brüchigen Dachüberhang herum und kam keinen Zentimeter höher. Ganze Wagenladungen von Steinen räumte ich da oben ab. Bis mich dann Rudi unendlich sanft bat, ich möge es ihm sagen, wenn ich den ganzen Berg abgetragen habe, damit er dann Feierabendläuten könne. Reumütig kam ich zurück. Rudi sicherte mich dann gleich die dreißig Meter hinunter zur Rißgabelung. Da streifte das Seil einige lose aufliegende Steine . . . pitsch, petsch, peng . . . und schon hatte ich so ein Trumm auf dem Kopf, daß mir sofort das Blut übers Gesicht hinunterschoß . . .

Nachdem mich Rudi kunstgerecht verbunden hatte, kletterten wir im linken Riß hoch. Zu regnen hatte es aufgehört, die Waschküche war geblieben. Ungefähr hundertfünfzig Meter unter dem Gipfel wurde es Zeit, an ein Biwakplatzerl zu denken. Unter einem Riesendach fanden wir das, was unser Herz begehrte: einen wind- und regengeschützten Winkel, wo man sogar sitzen konnte . . .

Lange saßen wir dann noch in den Schlafsack eingehüllt und sahen hinaus in die Nacht. Immer wieder mußte ich Rudi von unserem Schnee-Biwak in der Laliderewand erzählen. Jede Kleinigkeit wollte er wissen. Und sooft ich eine Kunstpause einschaltete, meinte er: „Wohl, wohl, da haben wir halt heut ein bäriges Platzele derwuschen. Das ischt direkt komfortabel!"

In der Vorstellung, daß alles noch schlimmer sein könne, wickelte sich Rudi wie in einen doppeltgefütterten Daunenschlafsack ein und unser Dreckerl von einem Fleckerl wurde für ihn das herrlichste Biwakplatzele der Alpen!

Gegen Morgen begann es zu schneien. Nur ungern verließen wir das „komfortable Platzele" und traten hinaus in den Flockenwirbel. Damit uns warm wurde, legten wir ein zügiges Tempo drauf. Trotzdem sah der Sichernde nach vierzig Metern jedesmal wie ein Schneemann aus. Wieder kam ich zum Führen an die Reihe. Man sah keine drei Meter weit.

Ich kletterte, kletterte . . . auf einmal hörte der Fels auf . . .
„Rudi“, brüllte ich aus Leibeskräften, „Klettern einstellen, mir san am Gipfel!“
Ja, wir hatten es geschafft! Außer einem nicht mehr ganz salonfähigen Taschentuch hatten wir jetzt auch die zweite Begehung der Grubenkarspitze-Nordpfeiler-Westwand im Hosensack. Im übrigen war unser Gipfelglück ein unvollkommenes. Die Wand hatten wir. Aber bis zum Hauptgrat der Laliderwand war es noch ein weiter Weg. „Herrliche Gratkletterei mit großartigen Tiefblicken“, stand darüber im Führer. Der Grat war da. Aber wo blieben die „großartigen Tiefblicke“?
Die nassen Felsen des Grates waren unangenehm. Der Schnee, der darauf lag, war abscheulich. Der Nebel aber, der uns wie ein dicker Mantel einhüllte, war ekelhaft! Oft kletterten wir auf wilde Türme hinauf und mußten dann, wenn wir ganz oben waren, sehen, daß diese Zapfen irgendwo links oder rechts umgangen werden mußten. Oder wir querten wie verirrte Hendeln in schaurig steile Flanken hinein, um feststellen zu können, daß gerade dieser Turm erklettert werden mußte . . . „Herrliche Gratkletterei mit großartigen Tiefblicken“ . . . Sakrahaxen, wenn man nur wenigstens zehn Meter sehen könnte!
Plötzlich ein Windstoß, und für eine Sekunde lang riß der Nebel auf; wir sahen rechts von uns in die Ha-He-Schlucht hinunter. Diese Schlucht, das wußten wir, führt gerade zum Hauptgrat hinauf. Um dem Blinde-Kuh-Spielen auf dem Grat ein Ende zu bereiten, beschlossen wir, in die Schlucht zu queren und in ihr hochzusteigen.
In der steilen Schlucht lag auf beinhartem Firn und Wassereis stellenweise über ein Meter Neuschnee. Wo der Neu-

schnee abgerutscht war, rutschten auch wir mit unseren zerrissenen Kletterpatschen, bei denen vorne neckisch die Zehen herausstanden. Mit dem Kletterhammer Stufen ritzend oder bis über die Brust im Schnee einsinkend – so arbeiteten wir uns mühsam durch diese Schlamastik höher . . .
Um etwa zwei Uhr nachmittags hatten wir den Hauptgrat erreicht. Jetzt hieß es durch den tiefen Schnee hinüber zum Laliderergipfel spuren. Der Bergsteiger-Städtekampf Innsbruck–Wien begann aufs neue; jeder wollte spuren, jeder wollte dem anderen beweisen, daß er noch ganz frisch sei. Aber frisch war eigentlich jeder von uns. Fast zu frisch. Ein Stück Gefrierfleisch aus dem Eiskasten war nichts gegen uns.
Dann standen wir unter dem Laliderergipfel. Abstieg über die Nordwand oder über die Südflanke war die Frage. Abstieg über die Ladizturm-Nordwand hieß, in drei Stunden auf der Hütte zu sein. Wenn's gut ging! Oder in der vereisten, nebelverhangenen Wand den Weg zu verfehlen und noch einmal zu biwakieren – wenn's schlecht ging! Abstieg über die Südflanke hieß: vier Stunden zur Kastenalpe, von dort drei Stunden nach Scharnitz und weitere sieben Stunden zur Falkenhütte = vierzehn Stunden. Allerdings gab es da kein „wenn's gut ging!" oder „wenn's schlecht ging!" Die vierzehn Stunden blieben vierzehn Stunden. So oder so! Wir entschieden uns für die vierzehn Stunden.
Dämmerig war es, als wir die Kastenalpe erreichten. Diesmal wollten wir uns im Forsthaus ein wenig unterstellen. Unterstellen und . . . na ja, vielleicht konnten wir dort auch ein Stück Brot bekommen. Wir hatten halt seit dem Stückerl Zucker in der Früh nichts mehr im Magen . . .
Die Frau Försterin geriet über uns ganz aus dem Häusel. „Mei, ihr Bergsteiger seid doch narrische Teifln! Erst vor

vier Tagen sind zwei von der Lalidererwand halbtot runtergekommen. Einen ham's ins Spital geführt. Und heut kommen schon wieder zwei . . ."
„Einer von den zwei Halbtoten war ich", murmelte ich betreten.
„Sie? Einer von den zweien waren Sie? Und da sind Sie noch einmal in die Wand eingestiegen? Das ist nimmer normal! Euch Bergsteiger haben die Stoana narrisch gemacht!"
So sprach die Frau Försterin zu den zwei Bergsteigern. Und dann stellte sie uns Milch und Brot auf den Tisch und gab jedem noch eine Zigarette. Im Ofen knisterte das Feuer und sein flackernder Schein zauberte Lichter auf die blitzblanken Teller an der Wand . . .

„Such das Glück nicht allzu weit –
es liegt ja in der Häuslichkeit!"

stand auf einem gestickten Deckerl zu lesen. Komisch, wir suchen das Glück da droben auf den Bergen. Aber der Deckerlspruch stimmt auch! Gerne, allzu gerne, wären wir noch länger am wärmenden Ofen geblieben und hätten die Häuslichkeit genossen. Doch wir mußten weiter, wir stoanarrischen Bergsteiger, mußten hinaus in den strömenden Regen . . .
Kurz vor Mitternacht erreichten wir Scharnitz. In Scharnitz wollten wir bis zum Morgengrauen bleiben. Wir waren müde, schläfrig und es war kein Faden an unserem Leib trocken. Heftig schüttelte uns die Kälte . . .
„Die heilige Familie auf der Herbergsuche", witzelten wir, als wir am ersten Fenster anpochten. Dann am zweiten, am dritten, am . . . Bald verging uns das Witzeln, denn wir sahen, daß die Menschen in den zwei Jahrtausenden seit da-

mals noch immer nicht besser geworden waren. Man ließ uns nirgends ein.
So standen wir wie bestellt und nicht abgeholt mitten auf der Straße, sahen hinauf zum schwarzen, regenverhangenen Himmel und warteten auf ein Wunder. Das Wunder kam in der Gestalt eines Gendarmen.
Der grelle Lichtkegel einer Taschenlampe durchschnitt die Finsternis und eine schneidende Stimme rief uns ein gebieterisches „Halt! Stehenbleiben!“ entgegen. Na, davonlaufen wollten wir sowieso nicht. Konnten wir auch gar nicht . . .
„Wo kommen Sie her? Was machen Sie hier?“
Wir erzählten unsere Geschichte. Frugen, ob er, der Gendarm, keine Unterkunft für uns wüßte. Er wußte keine. Auf der Gendarmerie, im Wachzimmer, könnten wir wohl bis zum Morgen bleiben. Aber da war kein Ofen. Und was wir brauchten, war ein Ofen zum Trocknen unserer Kleider, ein Ofen, an dem wir Gefrierfleischmenschen wieder auftauen konnten . . .
„Wo nehme ich jetzt im August für euch einen Ofen her?“ frug uns ratlos das Auge des Gesetzes. Wir wußten es auch nicht. Uns fror jämmerlich . . .
„Ja, gibt's denn in ganz Scharnitz keinen Ofen?“ schnapperte der Rudi.
„O ja, das schon! Im Gemeindearrest zum Beispiel ist ein großer schöner Ofen!“
„Bittschön, können Sie uns nicht in den Gemeindearrest hineinlassen?“ flehte ich hoffnungsvoll und sofort setzte sich in meinem ausgefrorenen Hirn der Gedanke fest, wenn uns der Gendarm nicht freiwillig in den Gemeindearrest hineinläßt, dann schmeiß ich vor seinen Augen ein Fenster ein, damit er uns einsperren muß!
Unser Gendarm war aber ein Menschenfreund: er ver-

sprach, uns freiwillig in den Gemeindearrest einzusperren! Am anderen Tag in der Früh wollte er uns bei Dienstantritt wieder herauslassen. Unterwegs räumte er bei einem Haus noch einen halben Holzstoß für uns ab und half selbst mit, die Holzscheiteln in den Gemeindearrest zu transportieren. Dann fiel mit einem dumpfen Laut eine schwere Eisentür hinter uns ins Schloß, ein Schlüssel wurde zweimal umgedreht, ein Riegel schob sich kreischend vor, dann noch einer, und noch einer . . .

Wir waren im Gefängnis!

An der Decke des kalkgetünchten Raumes hing an einem spinnwebüberzogenen Draht eine mattleuchtende Glühbirne. In deren trostlosem Dämmerschein sahen wir ein vergittertes Fenster, einige Pritschen mit Strohsäcken, von denen sich mehrere zerlumpte Gestalten schlaftrunken aufrichteten, sahen eine massive Bank und den obligaten Wasserkrug - nein, Ketten mit schweren Eisenkugeln sahen wir nicht! - und dann: den Ofen!

„DAS ICH HIR GEWESEN
KAN EIN JEDER LESEN
DER ES HAT GELESEN
IST AUCH HIR GEWESEN!“

So stand in ungelenken Blockbuchstaben mit Kohle an die Wand geschrieben. Eine verdächtig nach mindestens zehn Raubmorden aussehende Gestalt kam auf uns zu . . .

„Was ischt mit euch? Was habt ihr ausgefressen?“ frug sie uns flüsternd.

„Mir ham mit de Soal da Auto aufgehalten und ausgeraubt. Heut haben wir bei einem Bauern eingebrochen. Da hat man uns dawuschen!“ log Rudi frech drauf los.

„Habt ihr schon gestanden?“
„Na, na, gestanden haben wir noch nix. Tun wir auch nit!“
„Schon recht so! Nix zuageben! Ischt dös Beschte!“
„Und was ischt mit dir?“ frug mich dann der „schwere Junge“ und deutete auf meine blutverkrustete Steinschlagwunde am Kopf.
„Der Bauer, wo mir heut eingebrochen haben, ist mit der Holzhacken auf mich losgegangen.“
„Na und - und - und? Hascht zurückghaut? Hascht'n derschlagen?“
„Nein, derschlagen nicht! Das heißt, nicht ganz!“
„Gelt, nix zuageben! Ischt dös Beschte! Nix zuageben . . .“
Damit waren wir in die Zellengemeinschaft aufgenommen. Alles war sich einig, daß es für uns das Beste sei, nichts zu gestehen. Freilich, für uns war es das Beste, wenn einmal Feuer in den Ofen hineinkam. Und das besorgten wir gründlich! So gründlich, daß der Ofen bald glühte und unsere Mitbewohner über die Tropenhitze laut zu schelten begannen und Decken, Röcke und Pullover von sich warfen. Rudi und ich saßen splitternackt beim Ofen und trockneten unsere Kleider. Behaglich, wirklich behaglich und gemütlich war es hier. Wir hätten momentan diesen Platz am Ofen im Gemeindearrest mit keinem anderen Platz der Erde vertauschen mögen . . .
Nach einiger Zeit wurde die Tür wieder aufgestoßen und man brachte einen neuen Gast. Dem begleitenden Gendarm schwollen bei unserem Anblick die Stirnadern. Begütigend trat ich auf ihn zu . . .
„Mir san nur so da!“ flüsterte ich ihm diskret ins Ohr.
„Wir werden in der Früh wieder rausgelassen!“
„Nur so sind Sie da?“ höhnte er zurück. „Die anderen sind auch alle nur so da! Und wann Sie herausgelassen werden,

das bestimmt jemand anderer, nicht Sie! So etwas! Nur so sind Sie da! Das ist ein guter Witz – nur alt! Den kennen wir schon!“

Und – rumms – bumms – die Eisentür flog hinter ihm wieder ins Schloß.

„Du Karl, wenn der Gendarm auf uns vergißt, was machen wir dann?“ flüsterte der Rudi mir bang zu. Ja, was machen wir dann? Oder wenn der Gendarm über Nacht versetzt wird? Oder stirbt? Was machen wir dann? Mit diesen trüben Gedanken schliefen wir auf unserer Bank ein . . .

Als wir wieder erwachten, war es heller Tag. Die Kirchenglocken läuteten zur Frühmesse und auf der Dorfstraße brüllten Kühe . . .

„Rudi, schau raus, wie das Wetter ist!“ murmelte ich traumbefangen.

„Du damischer Uhu, schau du raus, wennscht kannscht! Mir san ja eingsperrt!“

Richtig, wir waren eingesperrt! Aber jetzt mußte ja bald unser Gendarm kommen. Doch es schlug sieben vom Turm – er kam nicht. Es schlug acht – er kam nicht. Es schlug halb neun – er kam nicht. Wir begannen unruhig zu werden. Wir könnten ja schon längst unterwegs sein! Wie hatte der andere Gendarm gesagt? „Wann Sie herausgelassen werden, das bestimmt jemand anderer!“ Feindselig glotzte uns der nunmehr erkaltete Ofen an. Wegen ihm hatten wir uns diese Suppe eingebrockt . . .

Tapp – tapp – tapp. Schritte auf dem Gang. Hurra, unser Gendarm!

Doch nein! Es war nicht unser Gendarm. Das Frühstück wurde serviert . . .

„Wieviel Mann sind da herinnen?“

„Sieben Mann“, meldete der „schwere Junge“.

Es gab für jeden einen Napf Kaffee und ein Stück Brot. Wie echte Kettensträflinge stürzten wir uns darauf . . .
„Bohnenkaffee ischt das zwar keiner!“ stellte Rudi sachlich fest.
„Ja, hascht du schon einmal im Tschumpas einen Bohnenkaffee bekommen?“ wies ihn der „schwere Junge“ zurecht. Nein, das hatten wir nicht! Na also, was wollten wir dann eigentlich? Auf Staatskosten frühstücken und dann noch Ausstellungen machen! Wo kommen wir da hin?
Endlich kam unser Gendarm. Er hatte nicht auf uns vergessen, er hatte nur länger Dienst machen müssen und sich dann verschlafen. Obwohl sein Dienst erst mittags wieder begann, war er eigens wegen uns aufgestanden. Als wir uns für seine „Gastfreundschaft“ bedanken wollten, wehrte er freundlich ab. Wenn er uns habe helfen können, dann sei dies gerne geschehen, denn auch er steige in seiner Freizeit gerne auf die Berge und das sei doch ganz klar, daß ein Bergkamerad dem anderen helfe. Dann drückte er uns noch jedem eine Zigarette in die Hand, wünschte uns ein freundliches „Auf Wiedersehen!“ und wir frischgebackenen Zuchthäusler konnten hinaustreten in die goldene Freiheit . . .
Einige Tage später saß ich bei Louis am Krankenbett. Es stand schlimm um seine Zehen: sie sollten amputiert werden. Doch nicht davon sprach Louis. Er sprach von Kletterfahrten, die wir gemeinsam machen wollten, wenn er wieder aus dem Spital draußen war. Mit oder ohne Zehen . . .
Gott sei Dank kam es nicht zu der Amputation. Heute klettert Louis schon wieder.
Von Rudi kam einige Wochen später eine Karte. Darauf stand in fahriger Schrift:
„Teile Dir mit, daß ich abgestürzt bin! Bergheil! Rudi!“
Mit einer Französin hatte er einen wilden Turm im Karwen-

del bestiegen. Beim Abstieg stürzte das Mädchen und fiel Rudi ins Seil. Rudi sicherte durch einen Mauerhaken und konnte so den Sturz aufhalten. Da brach der Mauerhaken aus! In hohem Bogen flog Rudi aus der Wand. Im Kar blieben beide liegen. Das Mädchen tot, Rudi mit schwersten Kopfverletzungen. Daß Rudi überhaupt mit dem Leben davonkam, ist als ein Wunder anzusprechen . . .

Nach einigen Wochen bekam ich von Rudi wieder eine Karte.

„Teile Dir mit, daß die Hauptschwierigkeiten an meinem Körper überwunden sind. Freue mich schon auf unsere nächste Klettertour. Bergheil! Rudi!"

Wie hatte die Frau Försterin gesagt?

„Euch Bergsteiger haben die Stoa narrisch gemacht!"

Der falsche Berg

Die Drei Zinnen kennt jeder. Kein Photograph hat es noch versäumt, sie auf seinen Film zu bannen; keine Kunsthandlung, in der nicht die Drei Zinnen im Morgen- oder Abendrot hängen; kein Bergbuch, das nicht die Drei Zinnen zeigt. Die Drei Zinnen als Schutzmarke für eine garantiert echte Dauerwurst; die Drei Zinnen in bunten Farben auf dem Deckel vollfetten Schachtelkäses, die Drei Zinnen in Kletterpatschen-Inseraten und auf den Ehrenurkunden alpiner Sängerrunden . . . Die Drei Zinnen kennt jeder.

Freilich, in Wirklichkeit kennt sie nur der, der einmal an ihrem Fuß gestanden und zu diesen wuchtigen Kalkklötzen hinaufgesehen hat. Denn bei diesem Anblick verblaßt das Klischee und es bleibt nur das Staunen über dieses große Wunder der Natur. Die Geologen können dieses Wunder ganz genau erklären und sie können auch beweisen, daß von diesen Kalkruinen – ja, Ruinen sagen sie – in etlichen Jahrtausenden nichts mehr übrig sein wird. In etlichen Jahrtausenden . . . wird es da überhaupt noch Menschen geben, die auf die Berge steigen?

Als wir die Drei Zinnen zum erstenmal sahen, hatten wir nur mehr den einen Wunsch, auf jedem der Gipfel einmal obenzustehen. Mit der „Kleinsten“ Zinne fingen wir an, dann kam die „Kleine“ an die Reihe, und dann die „Große“. Ein schwüler Morgen war es gewesen, als wir am Einstieg der Großen-Zinne-Nordwand standen. Acht Tage vorher war ein Innsbrucker Kletterer oben am Siebenundzwanzig-Meter-Quergang abgestürzt – man hatte nicht mehr viel von ihm gefunden. Als wir die Einstiegschrofen hinaufhasteten, fanden wir alle Meter Teile des Toten: verwesende Fleischfetzen, zersplitterte Knochen, Eingeweide . . .

Solch ein Anblick kann den verklärenden Glanz, der über den Gipfeln der Berge ausgebreitet liegt, trüben. Oberhalb des gelben Risses brach ein Unwetter über uns herein. Nußgroße Hagelkörner peitschten uns die Wand hinunter. An zwei zusammengebundenen Vierzigmeterseilen fuhren wir frei durch die Luft in die Tiefe. Am Seilende mußten wir pendeln, um wieder zur Wand zu kommen – so stark hing diese über. Völlig durchnäßt erreichten wir unsere Behausung.

Wir logierten im sogenannten „Schallplattenhotel“, einem Kuhstall unterhalb der Zinnenhütte, der schon Generationen von lirelosen Bergsteigern als Obdach gedient hat. Der einzige Fehler, den das „Schallplattenhotel“ hat, sind seine nicht ganz zimmerreinen Hauptmieter, die lieben Kühe, welche darin die ganze Nacht Schallplatten gießen – platsch, platsch, platsch – und von denen das Etablissement seinen Namen, aber auch seinen Geruch hat. Besonders der Geruch hat es in sich! Als wir nach drei Wochen das „Schallplattenhotel“ verließen, hatte sich der prägnante Geruch so intensiv in uns eingesogen, daß wir daheim, selbst nach einem gründlichen Dampfbad, noch immer diskret nach Landluft stanken.

In dieser Nacht schlief ich nicht gut, zuviel hatte ich am Tag

erlebt. Ich träumte wirres Zeug. Und in diese wüsten Träume drang immer lauter das Geläute einer Glocke. Blimm . . . Blimm . . . blimm . . Aber dieses Geläute war kein Traum! Das war Wirklichkeit, rauhe Wirklichkeit . . . Jeder unserer Mitbewohner hatte eine prächtige Glocke um den Hals hängen. Tag und Nacht. Bei Tag ist das Kuhglockengeläute sehr idyllisch, bei Nacht weniger. Deswegen stopften wir vor dem Schlafengehen die Glocken immer mit Heu voll. Hie und da kam es aber vor, daß so ein genäschiges Viecherl seiner Nachbarin das Heu aus der Glocke fraß. Da mußten wir dann frisches Heu in die Glocke stopfen. Und das war nicht einfach, weil nämlich die Kühe mitten im Stall standen und rundherum um sie gut dreißig Zentimeter hoch der weiche, braune Kuhdreck lag. Aus dem warmen Schlafsack herauszusteigen und in den dampfenden Kuhdreck hineinzusteigen - dazu hatte keiner von uns Lust . . . Und da hörte ich auch schon den Kouzourek-Franzl mit der Kuh wienerisch reden: „Du Rindvieh, du damisches! Hör auf mit der blöden Läuterei!"
Blimmblimm . . . blimm . . .blimm . . .
„Hast net gehört, du damisches Rindvieh, aufhören sollst, oder ich hau dir was auf den Schädel!"
Blimm . . . blimmblimm . . . blimm . . .
Da packte den Franz der Grimm. Er nahm das nächste, was ihm in die Hand kam, es war einer seiner Bergschuhe, und schleuderte diesen dem lieben Viecherl, das uns zum Frühstück immer so gute Milch gab, auf den Hintern. Das Viecherl machte einen Luftsprung und . . . blimmblimmblimmblimmblimm . . . jetzt ging das Blimmelblammel erst richtig los . . .
Fluchend schälten wir uns aus dem Schlafsack. Nur mit Hemd und Unterhose bekleidet, postierten wir uns an den

zwei Ausgängen des Stalles. Mit einem langen Stecken fischte Franz seinen Bergschuh aus der braunen Brühe heraus. Dann versuchte er, mit Schlägen die Kuh aus dem Stall zu treiben. Doch die gleichmäßigen Schläge taugten dem Biest anscheinend. Das Vieh dreht sich unsagbar langsam nach uns um, sah uns mit blöden Glotzaugen liebevoll an und wandte sich dann wieder dem Wiederkäuen zu. Wir versuchten eine neue Taktik. Wir begannen die Kuh mit Steinen zu bombardieren, um sie so aus dem Stall zu treiben. Bei einem besonders schneidigen Wurf verlor der Hansl das Gleichgewicht und – platsch – schon saß er im Kuhdreck drin. In diesem Augenblick machte die Kuh einen Satz und preschte an uns vorbei zur Tür hinaus. Geistesgegenwärtig packte der Franzl zu, und erwischte gerade noch den Kuhschweif. „Helft mir!" brüllte er noch, dann waren Kuh und Franz in dem wüsten Flockenwirbel des Schneesturmes verschwunden . . .

Wir rasten hinter den beiden her. Barfüßig, in Hemd und Unterhose! Immer den Schreien Franzls nach! Aber einmal schrie er von da, einmal von dort. Der Schneesturm und der Nebel trieben ein neckisches Spiel mit uns.

„Helft mir!" schrie es da wieder von irgendwo her. „Helft mir! Oder ich muß die Kuh auslassen!"

„Dreh ihr den Schweif ein, damit sie im Kreis rennt!" brüllte der Edi und schon setzen wir uns wieder mit keuchenden Lungen in Bewegung.

Endlich hatten wir die beiden erreicht. Der Franzl hatte den Kuhschweif zu einer Spirale gedreht und tatsächlich lief das Vieh im Kreis. Der Franz war schon ganz schwindlig von diesem Karussel. Wir hatten jetzt nur den einen Wunsch, das Rindvieh so rasch als möglich in den Stall zu bringen. Weniger wegen dem Rindvieh, mehr wegen uns! Uns fror nämlich in dem Schnee scheußlich in den Zehen. Aber Rache ist süß, dachte sich unsere Kuh. Ganz gemächlich trottete sie dahin. Schritt für Schritt. Heute einer, morgen einer. Nach einer halben Stunde erreichten wir erst das „Schallplattenhotel". Eine Stunde brauchten wir dann noch, bis wir wieder unsere gefrorenen Zehen aufgetaut hatten ...

Am Morgen nach diesem nächtlichen Abenteuer lag auf dem Zinnenplateau an die zehn Zentimeter Neuschnee. „Hurra, heut müssen wir nicht klettern gehen!" haben wir da geblödelt und uns noch einmal in die Schlafsäcke gewickelt und bis zehn Uhr weitergeschlafen.

Den Rest des Tages verbrachten wir mit Kochen und Essen.

Am nächsten Morgen hatte sich der Nebelvorhang noch immer nicht gelichtet. Diesmal riefen wir nicht mehr: „Hurra, heute müssen wir nicht klettern gehen!" Mißmutig hockten wir beim Ofen und schlürften unseren Frühstückskakao. Ein langer Tag lag vor uns. Ein Regentag - ein Schneetag! Wir Knaben beschlossen, von Sexten frisches Gebäck zu holen. Nach Sexten sind es zwei Stunden hin und vier zurück. Unser Aufenthalt in Sexten schob sich länger hinaus, als wir vorgesehen hatten: wir waren draufgekommen, daß der Rotwein zu dem knusprigen Weißgebäck wunderbar schmeckte. Als wir wieder das „Schallplattenhotel" erreichten, war das knusprige Weißgebäck altbacken ...

Als ich am dritten Morgen durch Edis Fluch, „Sauwetter, hundsmiserables!", geweckt wurde, wußte ich alles. Diesen Tag verbrachten wir damit, mit Steinen nach aufgestellten Konservendosen zu schießen. Stupid war das! Am Abend besuchten wir die Zinnenhütte. Auf einem Schrank stand eine Dose mit Tomatenmark. Ich konnte Hansl noch rechtzeitig daran hindern, mit einem Stück Kohle nach der Dose zu schießen. Macht der Gewohnheit!

Am vierten Morgen trat ich bei Tagwerden vor die Hütte. Klarer Himmel! „Aufstehen!" rief ich so laut in unser Appartement hinein, daß sogar die Kühe erschrocken zu stampfen und brüllen anfingen. Endlich, endlich war wieder ein Klettertag gekommen!

Aus vollen Backen bliesen wir an diesem Morgen in das Feuer hinein, damit nur rasch der Kakao fertig würde. Im Stehen schlangen wir das Frühstück hinunter und das letzte Schluckerl Kakao war noch nicht ausgetrunken, da hatten wir uns schon mit den Seilen behängt.

Edi und Hansl wollten in die Kleine Zinne-Nordwand, Hilde, Franzl und ich in die Westliche Zinne-Westwand. Bis unter die Kleine Zinne hatten wir den gleichen Weg. Dort trennten wir uns . . .

„Nicht aufs Anhalten vergessen!"

„Und ihr, wenn ihr auf dem Gipfel seid, nicht mehr weiterklettern, gelt! Sonst wird's gefährlich!"

Noch ein Händedruck und dann begannen die beiden das Schneefeld zum Einstieg hinaufzustapfen. Wir querten unter der Nordwand der Großen Zinne weiter gegen Westen. Als wir am Einstieg der Westwand standen, wurden unsere Gesichter immer länger und länger. Das war keine Felswand, unter der wir standen, sondern ein aufgestellter Eislaufplatz! Schön zum Anschauen, sehr schön sogar. Aber über diese vereiste Wand hinaufzuklettern – brrrrr! Also beschlossen wir, die Westwand für diesen Tag aufzugeben und uns ganz bescheiden dem südlich gelegenen Normalweg zuzuwenden. Durch die zwischen Westlicher Zinne und deren westlich gelegenem Vorbau herabziehende Schneerinne stapften wir höher, Schritt für Schritt, Stufe um Stufe.

„Immer nur gemütlich – ein alter Mann ist kein Schnellzug!" bremste der Franzl unser Tempo. Als aber

dann die ersten von der Sonne losgetauten Steine und Eisbrocken durch die Luft gepfiffen kamen, sah er ein, daß das wienerische „Immer nur gemütlich!“ wohl nur für die Pensionisten im Beserlpark ein Leitspruch sein kann, in den Bergen aber keine ausgesprochene Gültigkeit hat. Wie ein Traber vor dem Zielband zog er mit einem Male los . . . Dann standen wir oben im Schartel. Vor uns fiel die Rinne steil gegen Süden ab. Da mußten wir hinunter, um zum Einstieg des Normalweges zu gelangen. Aber etwas unterhalb des Schartels führte ein breites Band in die Südwand hinein. Ein breites, ein schönes Band. Wir überlegten: wenn wir diesem Band folgten, mußten wir doch auch auf den Normalweg stoßen und konnten uns so das Absteigen durch die Schlucht und das Aufsteigen über den unteren Teil des Normalweges sparen! Selbstverständlich entschieden wir uns für das Band . . . Es war, wie gesagt, ein breites Band, ein schönes Band. Sorglos liefen wir auf ihm dahin. Das Band querte schaurige Schluchten, führte uns in wilde Felskessel hinein, leitete unter glatten Wänden vorbei und brachte uns brav immer weiter gegen Osten . . .
„Ein Steinmann!“ schrie plötzlich Hilde und deutete auf ein putziges Steinmännchen am Rande des Abbruches. Und dort oben war schon das nächste. Der Normalweg war erreicht. Die Steinmänner brachten uns in immer schwierigeres Gelände. Wir standen unter einem Dachkamin, der recht grimmig aussah. Gar nicht wie ein Normalwegkamin. Aber da stand ein Steinmann – es mußte schon stimmen. Wir seilten uns an und ich begann den Dachkamin hochzuspreizen. Nach einigen Metern hing ich schon weit aus der Fallinie über meinen Gefährten . . .
‚Franzl, wenn das der Normalweg ist, fresse ich einen Besen!“ erlaubte ich mir zu bemerken.

Da kam ich beim Franzl schön an!
„Den Besen frißt du! Das ist garantiert der Normalweg. Ga—ran—tiert! Du glaubst immer, du kannst auf Normalwegen mit den Händen im Hosensack hinaufspazieren. Die Alten haben auch klettern können!"
Nach dreißig Metern erreichte ich wieder ein Band. Hier wurde es ganz wild. Von wegen Hände im Hosensack konnte da keine Rede mehr sein. Nicht einmal mehr von normalem Klettern. Dieser garantierte Normalweg begann mir unheimlich zu werden. Aber da stand ein Steinmann - es mußte schon stimmen.
Ich kletterte einen stark überhängenden und brüchigen Riß hoch. Immer mehr drängte mich der Fels ab. Verbissen verkrallte ich mich an kleinsten Griffen. Noch ein Stückerl, noch ein Stückerl . . . dann aus . . . jeder Griff, den ich anfaßte, zerbröckelte mir zwischen den Fingern. Jetzt ging es um die Wurst! Ein Mauerhaken mußte hinein in den Fels! Peng, peng, peng - sollten sich auch die Zünftigen das Maul darüber zerreißen - peng, peng, peng, - daß wir auf einem Normalweg Haken geschlagen haben - peng, peng, peng . . . drinnen ist er!
„Karl, mir san Rindviecher!" ließ da der Franzl verlauten, der inzwischen eifrig im „Dolomitenführer" geblättert hatte, „weißt du, wo wir sind? Nicht auf dem Normalweg, sondern im Südkamin!"
„Lies die Beschreibung vor!"
„. . . durch einen leichten Kamin auf ein Band . . . Nun entweder äußerst schwierig direkt durch den stark überhängenden Riß hinauf und in dem sich anschließenden Kamin zu einem Absatz . . ."
„Den Kamin sehe ich über mir. Aber wo soll der leichte Kamin gewesen sein?"

„Aber Kinderl, der leichte Kamin, das war der Dachkamin!“
Von einem leichten Kamin hatte ich bis jetzt eine andere Meinung gehabt. Der Dachkamin war nämlich gar nicht leicht gewesen! Nein, ganz und gar nicht. Aber nun hieß es, von „Normalweg“ auf „äußerst schwierig“ umzuschalten. Den Südkamin hatte der Hans Dülfer gemacht. Und der Dülfer, das war einer von den besten Kletterern gewesen, die je gelebt hatten . . .
Jetzt, da ich wußte, daß wir auf einer äußerst schwierig klassifizierten Dülfertour waren, kam mir der überhängende Riß über mir gleich nicht mehr so unheimlich vor. Mauerhaken und Kletterhammer zurechtgerückt – und zugegriffen, solange der Griffvorrat reicht!
Der Riß war schwer, alle Achtung, der Dülfer hatte klettern können! Ich kam mir in dem Riß wie ein Kirschenkern vor, den man zwischen Daumen und Zeigefinger hält und bei dem es nur eines leisen Drucks bedarf, und schon – schnips – fliegt er in hohem Bogen in die Luft hinaus. Mit lahmen Armen erreichte ich den Kamingrund. Das Schwerste hatten wir geschafft. Laut Beschreibung sollte sich der Kamin in seinem oberen Teil verflachen, worauf man dann durch eine Mulde, immer rechts haltend, den Gipfel erreichen mußte. Den Seinen gibt's der Herr im Schlaf! Weil es mit der Westwand nichts war, hatte der Klettergott uns Glückspilze in den schneidigen Südkamin geschickt! Im Schlaf! Aber das ging ja niemanden etwas an . . .
Es ging fahrplanmäßig weiter. Der Kamin verflachte sich in seinem oberen Teil; die Mulde war da, die wir vorschriftsmäßig nach rechts querten; Steinmänner trafen wir an; und das Zipferl über uns mußte der Gipfel sein . . .
Schön wollten wir es uns dort oben machen. Den Sonnen-

schein wollten wir genießen und die klare Fernsicht, der Franz mußte auf seiner Mundharmonika ein Liedel spielen und ansonsten wollten wir ganz ruhig sein . . .
„Mich wundert, daß da keine Bergdohlen sind“, sagte Hilde, als sie bei mir stand.
„Tschapperl, die wissen auch, daß die Westliche Zinne nicht so berühmt ist und halten sich lieber auf der Großen auf!“ blödelte ich zurück und begann die Gipfelfelsen hochzusteigen.
Noch zehn Meter . . .
Noch acht Meter . . .
Noch fünf . . .
Drei . . .
„Holloda . . .“ – der Juchzer blieb in meiner Kehle stecken wie ein noch nicht durchgekochter Germknödel! „Kinder, mir san auf einem falschen Berg!“ schrie ich zu den wartenden Gefährten hinunter . . .
Denn der Gipfel, auf dem ich nun stand, war nicht der Gipfel der Westlichen Zinne! Es war ein Vorgipfel – irgendeiner von den vielen Zacken westlich der Westlichen Zinne. Und eine tiefe, tiefe Kluft trennte uns von dem richtigen Gipfel, der über der Kluft gut um zweihundert Meter höher in den Himmel wuchtete!
Mit der Schlucht war nichts zu machen, das sahen wir gleich. Da hinunter abzusteigen und auf der andern Seite hinauf auf den richtigen Gipfel, war eine Tagestour für sich. Uns blieb für diesen Tag nur der dreimal verbummelte Bauerngipfel, auf dem wir standen. Es wurde keine besinnliche Gipfelstunde mit Mundharmonikamusik! Verdrossen saßen wir auf den zusammengerollten Seilen und die Fragen nach dem „Warum?“ und „Wieso?“ wollten kein Ende nehmen. Welcher gräusliche Pfundhammel hatte die vielen Stein-

männer gebaut? Und wie hatte nur ein vernünftiger Mensch auf die Idee kommen können, freiwillig auf diesen Bruchturm hinaufzuklettern? Nur über eines waren wir uns einig: jeder hatte es schon am Einstieg gewußt, daß dieser Weg überall hin, nur nicht auf die Westliche Zinne hinaufführen kann. Jeder!

Der Abstieg von unserem Gipfel fiel uns nicht schwer. Der Ordnung halber bauten wir einen kleinen Gipfelsteinmann, in dem wir eine Zigarettenschachtel mit unseren daraufgekritzelten Namen verstauten, dann sahen wir noch einmal mit sehnsüchtigen Augen zur Westlichen Zinne hinauf und begannen langsam abzusteigen. Die zusammengeknüpften Seile pfiffen durch die Luft und abseilend überwanden wir die schweren Wandstellen. Die letzten zehn Meter schwebten wir dabei stets in der Luft. Schön langsam kamen wir drauf, daß der Bruchturm eigentlich ganz zünftig war. Aber er war eben nur ein Bruchturm. Und nicht die Westliche Zinne!

Unter den Zinnen querten wir hinüber zum Paternsattel. Wortlos und traurig. Ein geschlagenes Fähnlein. Die verfallenen Unterstände aus dem Weltkrieg, an denen wir vorbeizogen, paßten zu unserer Stimmung . . .

„Geht's Kinder, da liegt so schönes Holz herum. Nehmen wir ein paar Prügel mit fürs Kochen", ließ sich da unsere Hausfrau vernehmen. Folgsam, wie nun wir Männer schon einmal sind, schulterten wir jeder so ein Stück Weltkrieg. Auf dem Paternsattel begegneten wir einem einsamen Wanderer. Den einsamen Wanderer wollte der Franzl fragen, wie spät es sei. Mit dem Holzprügel in der Hand trat er auf ihn zu . . .

„Signore, bitte quanto oro?" frug er höflich den Italiener. Aber so höflich seine Frage auch war, irgend etwas mußte

doch nicht stimmen! Denn der Italiener sah den Franzl entsetzt an, schielte ängstlich nach dessen Holzprügel, äugte zu Hilde und mir, die wir abwartend einige Schritte abseits standen - und hob dann zitternd die Hände hoch. Es war wie in einem Wildwest-Film. Der gute Mann hielt uns anscheinend für Räuber.
„Nix, nix! Da, da! Quanto oro!“ polterte der Franzl los und deutete dabei auf die wunderschöne Armbanduhr des Italieners. Worauf dieser hilflos wie ein Reh in die Runde blickte - nein, weit und breit war kein Mensch zu sehen - und dann zitternd und bebend die Uhr von seinem Gelenk löste und dem verdutzten Franzl in die Hand drückte. Jetzt wußte auch der Franzl, was es geschlagen hatte.
„Ich nix Bandit! Ich nur wissen wollen: quanto oro?“ sagte er grinsend und gab dem Italiener seine Uhr zurück. Da fiel dem guten Mann ein Stein vom Herzen und durch die entstandene Lücke floß ein Schwall von Worten und ergoß sich über den Franzl. Es war aber auch zu komisch! Oro heißt Gold auf italienisch und ora Stunde. Ora und oro - der Franzl hatte zwischen diesen beiden Worten keinen Unterschied bemerkt. Der Italiener schon! Und als da die verwegenen Gestalten mit den Holzprügeln in den Händen auf ihn zugetreten waren und der bärtige Franzl in der geflickten Kletterkluft die Frage „Wieviel Gold?“ an ihn richtete, da konnte er nicht anders, da mußte er in uns Räuber sehen.
Für die nächsten fünf Minuten hatte das Echo rund um den Paternsattel viel zu tun! Aus allen Wänden schallte ein herzliches, ein befreites Lachen wider. Und dieses Lachen wischte zugleich den Ärger weg, der wegen der verpatzten Zinnenbesteigung auf unserer Seele gelegen hatte. Die Abendsonne vergoldete die Gipfel der Berge und bei diesem Anblick spürten wir, wie kleinlich unser Ärger gewesen war. Was

machte es schon aus, daß wir einmal nicht auf den Gipfel hinaufgekommen waren, den wir uns auserwählt hatten? Morgen wird die Sonne wieder scheinen und da werden wir auf dem richtigen Gipfel stehen!
Wir ließen uns auf einen Felsblock nieder, und wieder mit sich und der Welt zufrieden, zog der Franzl seine Mundharmonika aus dem Hosensack. Einige übermütige Läufer als Auftakt, einige leise Akkorde, und dann drang sie schwermütig und süß immer lauter durch die Stille: die Melodie des Vagabundenliedes, die Weise von der Unrast und der Wegsehnsucht des Menschenherzens; mit dem tröstlichen Refrain „... uns geht die Sonne nicht unter!"

Der Bessere geht voran

Ehrgeiz beim Bergsteigen ist eine verflixte Sache. Hat einer zuviel Ehrgeiz, dann fliegt er bestimmt einmal irgendwo herunter, hat er zuwenig, so gibt er sicher bald das Bergsteigen auf. Denn es gibt auch einen Ehrgeiz, der nichts anderes will, als daß sein Träger vor sich selber bestehen kann. Wie gesagt, der Ehrgeiz ist eine verflixte Sache. Aber ich muß mit ihm beginnen, denn die ersten Seiten meines Bergfahrtenbuches sind voll der Kapriolen, die wir ihm zuliebe schlugen.

Als ich mein erstes Paar Kletterpatschen am Berg zerriß, war der Grof-Ernstl mein erster Kletterpartner. Wir beide waren uns gute Partner und wir waren gute Freunde. Die besten, die man sich vorstellen kann. Aber es war eine Freundschaft zweier fanatischer Kletterer mitten im alpinen Sturm und Drang! Der Grof-Ernstl und ich, jeder von uns hatte den Ehrgeiz, so rasch als möglich ein zweiter Luis Trenker, ein zweiter Kasparek, ein zweiter Comici (und wie unsere alpinen Vorbilder alle hießen) zu werden. Um aber ein zweiter Luis Trenker usw. zu werden, mußten wir es vorerst einmal lernen, eine Seilschaft zu führen, und weil in einer Seilschaft nur einer der Führende sein kann, so wollte jeder von uns dieser eine sein. Und das war der Grund, warum wir beide dauernd beim Klettern stritten!

Kroch ich als Vorankletternder einmal mit der rechten Seite in einen Riß hinein, so zeterte der Ernstl Mord und Feuer und bewies mir, daß ein richtiger „Führender“ es wissen müsse, daß dieser Riß nur mit der linken Seite zu packen sei. Schlug der Ernstl irgendwo einen Sicherungshaken, so bekam er ganz bestimmt von mir zu hören, daß ich diese Stelle noch ohne Haken gemacht hätte (auch wenn ich mich mit Inbrunst dann an dem Haken anhielt). Wir waren gute Freunde, die besten, die man sich vorstellen kann. Nur in dieser Angelegenheit waren wir störrisch und bockig wie zwei junge Ochsen. Weil wir aber selbst einsahen, daß dies so nicht weitergehen konnte, beschlossen wir, unseren Fall dem Kadi vorzutragen.
Der Kadi war unser alpiner Lehrmeister Hans Schwanda. Schwanda sah seine beiden hoffnungsvollen Schüler wohlwollend an, sah, wie jeder von uns beiden mit den Augen bettelte, er möge in ihm den Seilschaftsführer erkennen, und sagte dann: „Kinder, seids nicht so teppert! Es ist doch piepschnuz, wer als Erster geht. Beim Bergsteigen ist das Erlebnis die Hauptsache und nicht euer damischer Ehrgeiz. Damit könnt ihr euch höchstens derstessen! Seid vernünftig und teilt es euch so ein, daß immer der Bessere vorangeht!“ – So, jetzt hatten wir unseren salomonischen Urteilsspruch: Der Bessere geht voran! Blieb nur die Frage: Wer ist der Bessere?

*

Die Hochtor-Nordwand hat einen guten Namen. Sie ist das Glanzstück der Gesäuseberge. Es gibt schwerere Wände im Gesäuse als die Hochtor-Nordwand. Sogar viel schwerere Wände. „Aber die Hochtor-Nordwand ist eben die Hochtor-Nordwand“, sagten uns die erfahrenen Gesäusetiger, und damit mußten wir Kletterkücken uns begnügen,

obwohl uns dieser Satz unverständlich war wie ein Spruch des delphischen Orakels.
Ich verstand diesen Orakelspruch erst Jahre später, als ich an einem Regentage am Fuße der Hochtor-Nordwand stand und in der Hochtor-Nordwand zwei Bergsteiger um Hilfe riefen. Die Hilferufe waren nur schwach zu hören. Sie schienen von überall und nirgends her zu kommen. Aber wir wußten es: diese Rufe kamen aus der Hochtor-Nordwand. Und das war schlimm! Denn während alle anderen Wände des Haindlkars stumm vor uns lagen, war in der Hochtor-Nordwand dauernd das Knattern des Steinschlages zu hören. Aber nicht nur der Steinschlag war es, weiß der Teufel, was es überhaupt war, es lag jedenfalls etwas Unheimliches um diese Wand. Und das, was mir die Hochtor-Nordwand so unheimlich machte, war auch nicht der Regen, die schwarzen Felsen, der Nebel und die Hilferufe. Man ist ja nicht gerade schwach auf den Nerven als Bergsteiger. Aber ich mußte dauernd an den Bergsteigerfriedhof in Johnsbach denken, wo so viele Tafeln stehen mit der Inschrift „Abgestürzt in der Hochtor-Nordwand" - und diese Tafeln sind doch etwas sehr Wirkliches. Und so ähnlich mußte auch der Bergungsleiter denken, als er sagte: „Bei Gott! In jede andere Wand, und wäre sie zehnmal schwerer, würde ich heute lieber einsteigen als in die Hochtor-Nordwand!"
Doch wie gesagt, das war erst Jahre später, als ich mit einem Male die Hochtor-Nordwand mit solchen Augen sah. Damals, als ich die Hochtor-Nordwand zum ersten Male durchstieg, im ersten Sturm und Drang, da sah ich die Wand noch anders - und ich erlebte sie auch anders . . .
Am Freitag nach unserer Durchsteigung des Blechmauernrisses marschierte ich voll Stolz, aber auch voll Bange zum Jungmannschafts-Heimabend unseres Vereins. Voll Stolz,

weil ich mich darauf freute, den Kameraden vom Blechmauernriß zu erzählen und ihre Bewunderung zu ernten. Voll Bange, weil auch der Grof-Ernstl da sein würde.
„Also, liebe Freunde“, begrüßte uns der Jungmannschaftsführer Schwanda, „das Barometer steigt, und so wollen auch wir zum Abschluß des Bergsommers noch eine größere Sache steigen lassen. Hochtor-Nordwand! Das Barometer steigt, und wer steigt mit?“
Der Grof-Ernstl und der Melan-Pepi meldeten sich sofort.
„Und der Lukan fährt auch mit und macht mit dem Grof eine eigene Seilschaft!“ sagte Schwanda.
„Bitte, das geht nicht!“
„Das geht schon! Deine Fahrkarte ist gesichert!“
„Das geht aber trotzdem nicht!“
„Und warum nicht?“
„Weil der Grof-Ernstl böse auf mich ist!“
Gegen das Donnerwetter, das Schwanda nach Anhören der Blechmauernriß-Geschichte auf uns losließ, gab es keine sichere Höhle und keinen schützenden Zeltsack. Als es aber nachließ mit der Aufforderung, wir stoanarrischen Dickschädeln sollten uns die Hände reichen, da kam der blaue Himmel und die Sonne wieder . . .
Und der blaue Himmel war auch noch da, als wir am Fuße der Hochtor-Nordwand standen und hinaufsahen zu den sonnenumfluteten Gipfelfelsen. Der Gipfel! Noch trennten uns neunhundert Meter steiler Fels von ihm. Neunhundert Meter steiler Fels, durch den im Jahre 1896 vier kühne Männer zum ersten Male einen Weg fanden . . .
1896 . . . von dieser Zeit hatten wir jungen Grashüpfer nun einmal die festumrissene Vorstellung, daß sie außer gut und alt auch sehr gemütlich gewesen sein mußte. Die jungen Männer trugen zum Zeichen ihrer Männlichkeit gewichste

Schnurrbärte, und wenn sie Sport betrieben, so hatten sie ein Bierglas in der Hand und ein enganliegendes Zebrakostüm am Leib. Einen erklecklichen Teil des Lebens verbrachte man im Kaffeehaus. Und im übrigen tanzte man Walzer . . . Heute tanzt man noch immer Walzer. Und die Kaffeehäuser erfreuen sich ebenfalls noch immer großer Beliebtheit. Die jungen Männer tragen zum Zeichen ihrer Männlichkeit lange Haare, und wenn sie Sport betreiben, so lösen sie sich im allgemeinen eine Fußballplatzkarte und sehen zu, wie zweiundzwanzig Sportler im Zebratrikot einem Ball nachrennen. Im übrigen ist auch das Biertrinken noch immer aktuell! Es hat sich gar nicht viel geändert seit anno 1896. Die Bergsteiger waren damals Außenseiter und sind es auch heute noch. Damals hat man sie als Halbverrückte angepöbelt - heute läßt man sie als Halbverrückte gelten. Die Unterschiede liegen in Nuancen. Nur die Jünglinge von damals sind zu alten grauen Herren geworden. „Die Menschen kommen und gehen - ewig stehen die Berge", steht pathetisch auf der ersten Seite meines Bergfahrtenbuches. Beim Anblick der unheimlichen Plattenflucht der Hochtor-Nordwand begannen wir die alten, grauen Herren mit neuen Augen zu sehen: jung, kraftstrotzend, voll Begeisterung für den Kampf und für das Abenteuer - so wir wir es waren . . . Wir begannen zu klettern. Vorläufig noch ohne Seil. Erst nach dem ersten Drittel der Wand rollten Schwanda und Melan das Seil auf. Ernstl und ich stürmten noch seilfrei weiter. Bis wir dann inmitten einer glatten Plattenwand klebten und einsahen, daß es doch besser sei, das Seil zu nehmen. Das Anseilen ging noch gut, weil wir zu den Händen auch die Zähne zu Hilfe nehmen konnten. Aber dann mußten wir ausknobeln, wer die erste Seillänge führen sollte - und zum Knobeln braucht man zwei Hände . . .

„Ich brauche meine Hände zum Anhalten!“ jammerte ich. Mit der einen Hand hielt sich Ernstl an, mit der anderen stützte er meine Füße auf dem winzigen Reibungstritt. Ob es so besser ginge?

Nein, es ging nicht! Denn der aufmerksam jede meiner vorsichtigen Bewegungen verfolgende Malefizbua sah ja ganz deutlich, in welche Faust ich das Papierknödel hineinmauschelte . . .

„Mach die Augen zu!“ befahl ich daher.

„Was treibt ihr denn dort oben für ein Affentheater?“ wollte da Schwanda von uns wissen . . .

„Wir knobeln aus, wer als Erster geht! Rechts oder links, Ernstl?“

„Rechts!“

Es war entschieden: die erste Seillänge führte der Ernstl. Nach zwanzig Metern kam eine kleine Nische. Ohne eine Sekunde zu zögern, ging Ernstl darüber hinweg und ließ mich dann, als das Seil bis auf den letzten Zentimeter ausgegeben war, nur auf den Zehenspitzen stehend, nachkommen. Ich ging gleich weiter. Wechselführung nennt man das. Selbstverständlich ging auch ich das ganze Seil aus. In abenteuerlicher Spreizstellung mußte ich nachkommen lassen . . .

„Ihr Blunzenstricker, habt ihr es denn noch nicht gelernt, zum Nachkommenlassen einen ordentlichen Standplatz aufzusuchen? Klettere zurück zu dem Köpfel und lasse dort nachkommen!“ tobte unser alpiner Lehrmeister.

Eifrig begann ich zu erklären, warum das nicht zu machen sei. Ernstl und ich hatten uns auf Wechselführung geeinigt. Jeder von uns wollte aber die Schlüsselstelle der Wand, die „Maischberger-Fasseln“, führen. Wenn wir nun immer dort nachkommen ließen, wo ein Standplatz war, so konnten leicht zwei oder drei Meter Seil übrigbleiben. Zehnmal drei

Meter sind dreißig Meter. Dreißig Meter sind eine Seillänge. Und um diese Seillänge konnte es sich bei den Maischberger-Fasseln gerade handeln! Nein, diesmal wollten Ernstl und ich streng reell sein . . .

„Seid ihr zwei kleine Buben auf dem Sandhaufen im Beserlpark?" schnitt Schwanda wütend meine Ausführungen ab. Trotzig wie ein Bub, dem man die Sandschaufel entwunden hat, kletterte ich zu dem Köpfel zurück. So einfach wäre unsere Methode gewesen! Nun mußten wir uns eine eigene Kletterbuchhaltung anlegen. Wenn ich bis zu der kleinen Nische gehe, so bleiben mir 5 Meter Seil gut. Und wenn der Ernstl schon auf dem Band nachkommen ließ, so konnte er 10 Meter dafür verrechnen. So einfach wäre unsere Methode gewesen! Nun mußten wir klettern und rechnen. Nichts gegen das Klettern - aber das Rechnen, das Rechnen!

Die „Maischberger-Fasseln" sind der Höhepunkt der Hochtor-Nordwand. Sie sind immer ein Höhepunkt. Der Kletterer rückt das Seil zurecht, der Vortragende erhebt seine Stimme und der Aufsatzschreiber zerkaut den halben Bleistift auf der Suche nach passenden Worten, die der Kühnheit dieses wilden Winkels würdig sind. Die „Maischberger-Fasseln" sind immer ein Höhepunkt. Ein dunkler Punkt ist nur ihr Name! Generationen von Kletterern haben schon ihre Phantasie zur Höchstblüte entfaltet, um in ihnen, so wie die Erstbegeher, „faßartig ausgebauchte Felsen" zu sehen, und im weiten Umkreis stecken überall dort Mauerhaken, wo es nur halbwegs faßähnlich aussieht. Natürlich Verhauer-Haken . . .

Laut unserem Soll und Haben fielen die „Fasseln" mir zu. Der Ernstl hatte dann noch 7 (in Worten: sieben) Meter Seil gut. Ich rückte also das Seil zurecht, und der Zehenspitzentanz auf kleinsten Tritten konnte beginnen. Zwanzig Meter ober mir klebten Schwanda und Melan auf dem Standplatz – ich sah von ihnen nur die Sohlen der Kletterpatschen. Zu den Sohlen mußt du hinauf, Bürschchen! Ein Mauerhaken. Die Erstbegeher haben diese Stelle ohne Haken gemacht. Aber Bessere als du sind auf den Fasseln schon geflogen. Drum hänge ein das Seil, hänge es nur ein! Jetzt ist nur mehr ein Paar Sohlen zu sehen: Schwanda geht weiter. Wenn der jetzt fliegt, dann fliegt er dir genau auf den Schädel. Drum halte dich gut an! Aber der Schwanda fliegt nicht! So mußt du auch einmal klettern können, daß andere bei dir ebenfalls diese Sicherheit verspüren.

Schwanda hing ober uns in einer steilen, seichten Rinne.

„Gute Nacht mit Rosenwasser – diese Stelle ist noch schwerer als die untere Seillänge!" brummte er . . .

„Ernstl, freu dich: deine Seillänge ist noch schwerer als die meine!" rief ich in die Tiefe. Ein Freudengeheul war die Antwort. Ja, so waren wir damals!

Aus dem Schatten der Nordwand traten wir hinaus auf die sonnbeschienenen Gipfelfelsen. Noch ein Blick hinunter in die Tiefe. Dann tollten wir hinauf zum Steinmann . . .

„Kinder, ich bitte euch, fangt jetzt nicht zu streiten an, wer der Bessere von euch beiden ist!" begrüßte uns Schwanda.

„Zu streiten? Karl und ich haben noch nie gestritten!" antwortete der Ernstl, empört über diese Verdächtigung.

„Ich kann bei unserer nächsten Schlüsselstelle acht Meter Seil verrechnen . . ."

„Sieben Meter, Ernstl, sieben Meter!"

„Du bist kurzsichtig, lieber Karl! Darum glaubst du, daß die acht Meter nur sieben Meter sind . . ."

„Bittschön, Herr Schwanda, Sie sind Zeuge: waren es sieben Meter oder nicht?"

„Kinder, Kinder! Wenn ich bedenke, daß auch ich einmal

so jung und geißnarrisch gewesen sein soll, dann fühle ich schon, daß ich älter geworden bin!“ sagte Schwanda.
Älterwerden? So etwas gab es auch? Übermütig hielt ich dem Ernstl meinen rechten Mittelfinger hin . . .
„Traust dich?“
„Kannst schon kommen!“
Und wir begannen zum Hakelziehen, zogen, daß die Gelenke krachten und der Schweiß uns in Strömen von der Stirne lief, während Schwanda beim Gipfelsteinmann saß, träumend in die Ferne blickte und langsam Scheibe um Scheibe von seiner Dauerwurst abschnitt . . .
Älterwerden? Wie das wohl sein würde, wenn wir einmal älter geworden sind?

Bergsteigerkatastrophe im Gesäuse

Ein überraschender Schneesturm hat im Gesäuse eine Touristenkatastrophe verursacht, wie sie seit langer Zeit nicht dagewesen ist. Bis jetzt wurden bereits zwei Tote, ungefähr zehn Leichtverletzte und zwei Schwerverletzte aus den Wänden geborgen. Seit Sonntag mittag ist der Admonter Bergrettungsdienst – unterstützt von Rettungsmannschaften aus St. Pölten und Wien – an der Arbeit, die zahlreichen Vermißten in den Wänden zu suchen und ihnen Hilfe zu bringen. Die meisten dürften sich aller Wahrscheinlichkeit nach noch in der Hochtorgruppe zwischen Roßkuppe und Ödsteinkante befinden. Ihre Zahl läßt sich noch nicht genau abschätzen . . .

„Neues Österreich" vom 8. Juni 1949

. . . und dann war die Hölle los

Der Sonderzug fuhr gegen Mitternacht ab. Er war voll mit glücklichen Menschen, welche die Pfingstfeiertage in den Bergen verbringen wollten.

In unserem Abteil ging es besonders lebhaft zu. Der Kubu-Dolfi hatte eine zünftige Idee für das nächste Wochenende: ein alpines Ritterfest im Gemäuer der Ruine Arnstein auf unserem Peilstein, mit König Artus, Ritterschaft und Knappen und allem anderen Drum und Dran. Das war das Richtige für die alpinen Raubritter! Wer wollte da nicht dabei sein? Während der Zug durch die rabenschwarze Nacht dahindonnerte, verging uns im Ausarbeiten der Effekte von leintuchumhüllten Schloßgespenstern, kettenrasselnden Gefangenen und verwunschenen Ritterfräuleins die Zeit im Fluge. Wir waren übermütig wie junge Hunde. Und der Kubu-Dolfi war einer der Übermütigsten von uns . . .

Der Sonderzug fuhr um fünf Uhr früh in Gstatterboden ein. Ein Schwarm von Menschen ergoß sich über den Bahnsteig – ein wogendes Meer von abzeichengespickten Hüten, bunten Halstüchern, karierten Hemden und schweren Rucksäcken. Das bergsteigende Wien!

Am frühen Vormittag standen wir am Fuß der Dachlwand

und musterten kritisch den regenschweren Himmel. Der sah gar nicht nach Schönwetter aus, wie es die Wettermacher prophezeit hatten. Eine Stunde lang zählten wir an den Hosenknöpfen ab, ob wir einsteigen sollten oder nicht. Erst ein heftiger Platzregen beendete dieses Gesellschaftsspiel und trieb uns wieder hinunter zur Haindlkarhütte.
Die Haindlkarhütte ging über! Ein Mann in Hauspatschen bat flehentlich die an der Tür herumdrängende Schar, sie möge ihn doch einlassen. Später stellte es sich heraus, daß es der Hüttenwart war. Die Haindlkarhütte glich einem Bienenhaus! Sobald nur irgendeiner was von blauem Himmel faselte, stürzte alles polternd zur Tür hinaus, und jeder hellgraue Fleck am Himmel erweckte ekstatische Begeisterungsausbrüche. Gegen Abend hörte es zu regnen auf. Die für diesen Tag abgedämpfte Bergsehnsucht schwellte dem nächsten Morgen entgegen.
Der Morgen des Pfingstsonntags begann mit blauem Himmel. Fast ein bisserl zu blau war der Himmel! Fast ein bisserl zu blau! Aber das wollte keiner von denen, die da Mauerhaken sortierten, Seile vorbereiteten oder im Stehen den Frühstückstee schlürften, wahrhaben. Die Wettermacher hatten Schönwetter prophezeit! Zum Teufel mit den knieweichen Laubfroschgedanken!
Auch wir machten uns fertig. An diesem Tag sollten auch unsere Mädchen mit dabei sein. Die Ödsteinkante hatten wir ihnen schon lange versprochen. Andere Jünglinge verehren ihren Liebsten Stoffe, Schokolade und Parfüms als Liebespfand - wir Bergsteiger schenken Wände und Grate, Sonnenaufgänge und Gipfel . . .
Während Hansl und ich überlegten, ob wir die Ringhaken oder die Fiechtlhaken mitnehmen sollten, sprangen unsere Mädchen trällernd um uns her . . .

„Sollen wir nicht auch für die Gipfelrast eine Sonnencreme mitnehmen?“ frug Hilde.
„Wird es sich am Abend noch für ein Bad in der Enns ausgehen?“ wollte das Fritzerl wissen.
Eine Stunde später rauften wir mit wilden Latschenüberhängen und bemühten uns verbissen, die Pfadspur ins Ödsteinkar nicht zu verlieren. Wir wollten die Ersten am Einstieg sein. Doch es dauerte nicht lange, als hinter uns noch zwei Ödsteinkanten-Kandidaten auftauchten. Zwei Leobener waren es. Zwei junge freundliche Burschen, deren Gesichter selbst dann noch optimistisch leuchteten, als es leicht zu regnen begann und Hansl und ich sämtliche Wettermacher greulich fluchend in die unterste Bergsteigerhölle verwünschten . . .
„ . . . es wird sowieso wieder schön!“ tröstete uns der eine von den beiden. Und mein ganzes Leben lang werden mir diese Worte in den Ohren klingen, denn einen Tag später hing der junge freundliche Bursche, der so sehr daran glaubte, daß nach Regen Sonnenschein folgen muß, erfroren in den Felsen der Ödsteinkante.
Damals glaubten wir aber alle noch daran, daß es wieder schön werden müsse. Und als es nach einer Weile wirklich zu regnen aufhörte, war uns allen so, als hätte unser Glaube an das Schönwetter dieses kleine Wunder vollbracht . . .
So stiegen wir in die Kante ein. Immer tiefer versank das Kar unter uns, immer näher kamen wir in der Schlüsselstelle, dem berühmten Steilaufschwung der Kante. Doch je näher wir dem Steilaufschwung kamen, desto näher kam auch eine drohende dunkle Wolkenbank durch den Gesäuseeingang.
Jetzt wäre es an der Zeit gewesen, ernstlich zu erwägen, ob ein weiteres Ansteigen noch ratsam sei. Wir erwogen nichts

– wir stiegen weiter! Heute frage ich mich oft, was uns damals wohl weitergetrieben hatte. Und wo die Vernunft war? Die klare Vernunft! Damals war uns nur eines klar: Weiter! Weiter! Weiter! Sind wir andere Menschen, wenn wir den sicheren Boden verlassen haben? Und was sind das für Kräfte, welche stärker sind als der Selbsterhaltungstrieb!

Ober dem Dibona-Überhang prasselte der erste Hagelschauer auf uns nieder. An einen Mauerhaken gebunden und zusammengeduckt an die Felsen gepreßt, warteten wir das Unwetter ab. Kaum war das Ärgste vorbei, kletterten wir weiter. Die Felsen waren nunmehr vereist und wir mußten doppelt vorsichtig sein . . .

„Geht ihr auch weiter?“ frug Hansl die Leobener.

„Freilich! Wir haben schon Schlimmeres als diese paar Spritzer hinter uns!“ kam die Antwort.

Aber dieses „Noch Schlimmere“ ließ nicht lange auf sich warten!

Ich war gerade dabei, den nervigen Redlich-Stefansky-Überhang hochzuklettern – die Preußtraverse war zu sehr vereist –, als es mit einem Male rabenschwarz um uns wurde. Schwere Nebel hüllten uns ein, und ein leises Singen und Säuseln erfüllte die Luft . . .

„Das Jüngste Gericht kommt!“ sagte da Hilde, und ihre Stimme klang dumpf durch den Nebel . . .

Das Jüngste Gericht! Still war es geworden. Unheimlich still! Aber wir wußten, daß diese unheimliche Stille nicht länger anhalten konnte! Wir fühlten, daß das, was diese Stille brechen würde, furchtbar sein mußte!

Und furchtbar war der Donnerschlag, der diese Stille zerriß! Und ein mächtiges Rauschen setzte ein, wurde lauter, lauter, immer lauter . . . und dann war die Hölle los! Es war so, als ob sich der Himmel geöffnet hätte, um uns mit Eis

und Schnee zu vernichten. Kaum zwei Meter weit sah man durch den wüsten eisigen Vorhang . . .
„Hilde! Purr auffi!“ brüllte ich aus ganzer Lunge. Da – ein Ruck im Seil! Hilde war am Überhang ausgeglitten. Tief schnitt das Seil in meine Hände ein. Halten. Jetzt nur aushalten! Endlich hatte Hilde wieder einen Tritt gefunden. Gleich darauf tauchte ihr schneeverpapptes Gesicht an der Abbruchkante des Überhanges auf. Hansl und Fritzi folgten. Die Leobener wollten das Unwetter unter dem Überhang, wo sie leidlich geschützt waren, abwarten. Wir vier verschloffen uns in eine Nische . . .
Hansl zog zwei verdrückte Zigaretten aus seiner Tasche. Eine halbe Schachtel Zünder mußten wir opfern, bis wir endlich Feuer hatten. Jetzt sah die Welt gleich um einen Grad rosiger aus . . .
Auf den Felsen lagen bald an die zehn Zentimeter Schnee. Noch trennten uns dreihundert Meter Fels vom Gipfel. Leichter Fels. Aber bei diesen Verhältnissen äußerst gefährlicher Fels. Wenn es nur zu schneien aufhören würde! Aufhören! Aufhören!
„Heute riecht es nach Biwak!“ raunte mir Hansl zu.
„Das bleibt aber unter uns!“ murmelte ich zurück. Die Mädchen sollten noch an ihre sonnige Gipfelstunde glauben. Meinetwegen auch an das Bad in der Enns . . .
„Biwakieren wir heute?“ forschte da das Fritzerl. Das Biwak mußte also schon ganz deutlich in der Luft liegen!
Biwak? Wir waren durchnäßt bis auf die Haut!
Biwak? Wir hatten weder Schlafsack noch Reservewäsche mit!
Biwak? Eine kleine Tafel Schokolade war alles, was wir als Proviant mithatten!
Endlich begann es lichter um uns zu werden. Wir riefen den

Leobenern zu, daß wir wieder weitergehen würden. Sie wußten nicht, ob sie sich abseilen oder ob sie weitergehen sollten. Sie wollten noch warten. Sie wußten nicht, daß auf einen von ihnen schon der Tod wartete . . .
Wir begannen zu klettern. Durch Schnee und Eis kämpften wir uns zum Gipfel durch. Oben auf dem Grat wütete ein heftiger Sturm. Uns fror jämmerlich und die Finger waren steif und gefühllos. Nein, keine Gipfelfreude belebte uns. Nur der Wunsch, hinunter ins Tal zu kommen. Denn, das war uns inzwischen klargeworden: für uns gab es nur eines, und das war, so rasch als möglich aus der Zone von Eis und Schnee herauszukommen. Jedenfalls ließ es sich weiter unten leichter biwakieren als da heroben in der weißen Hölle. Im übrigen hatten wir uns mit dem unvermeidlichen Biwak bereits abgefunden. Es war nur mehr die Frage: Wie und Wo?
Nacht wurde es. Im Finstern tasteten wir talwärts. Die schwachen roten Marken des Kirchengrates hatten wir in dem Schnee und Nebel längst verloren. Über jähe Abbrüche und durch dichten Latschendschungel krochen wir talwärts. Bald war es aber so finster geworden, daß jeder weitere Schritt Wahnsinn gewesen wäre.
Am Fuße einer leicht überhängenden Wand richteten wir uns für die Nacht ein. Die Seile breiteten wir als Sitze aus. Dann kuschelten wir uns eng zusammen und versuchten zu schlafen. Wir mußten uns beeilen damit. Die durch die Bewegung entstandene Körperwärme würde sich bald verflüchtigt haben . . .
Du mußt schnell einschlafen!
Schlafen . . . ein weißes Leinentuch umhüllt mich und ich stehe als Schloßgespenst auf den Zinnen der Ruine Arnstein . . . Kalt ist es . . . unten bei der Arnsteinhöhle sitzen

auch lauter Gespenster . . . das alpine Ritterfest ist im Gange . . . es hat wirklich jeder ein weißes Leintuch mitgebracht . . . aber warum zünden die Knappen kein Riesenfeuer an . . . der Wind weht kalt ums Gemäuer . . . so ein weißes Leintuch ist kalt . . . ich werde es abwerfen . . . Demaskierung . . .

Mit einem heftigen Ruck fuhr ich hoch. Ich hatte wirklich geschlafen! Der Schneesturm tobte aufs neue und auf unseren Leibern lag zentimeterhoch der Schnee . . .

Wir begannen mit der Wärmegymnastik. Das ist ein feiner Name für eine grobe Sache. Wärmegymnastik heißt in solchem Fall, daß man sich gegenseitig solange abprügelt, bis auch in der kleinsten Zehe das Blut wieder warm ist. Wir droschen also heftig auf unsere Mägdeleins ein. Erst wimmerten sie, dann drohten sie und - endlich! - packte sie die Wut und wütend wie Tigerinnen fielen sie uns an. Ihr Wille war wieder aus der Lethargie erwacht! Und das ist in solchen Situationen das Allerwichtigste.

Dann saßen wir wieder friedlich auf unserem Sitz beisammen.

„Karli, erzähle einen Witz!" bat Hilde.

Jetzt ein Witz! Das ist der beste Witz!

„Also: Der Graf Rudi kommt zum Grafen Bobby. Der Graf Bobby sitzt gerade beim Tee . . ."

Himmel! So ein Schluck Tee, das wäre jetzt gerade das Richtige! Dampfend heiß! Und mit viel Rum!

„Sagt der Graf Rudi zum Graf Bobby . . ."

Du liebe Güte! Was würde wohl der Graf Rudi zu einer solchen Situation wie der unseren sagen! Sicher sind wir aber nicht die einzigen, die heute biwakieren. Wie wird es unseren Freunden ergangen sein?

„Was sagte also der Graf Rudi?" wollte Hilde wissen.

Ach, richtig, der Witz! Der mußte zu Ende erzählt werden. Der und noch viele andere. Das Komische an der Sache war nur, daß für unsere ausgefrorenen Gehirne nicht die Pointen das Entscheidende waren, sondern ganz nebensächliche Dinge wie das behagliche Zimmer, in dem der Witz handelte, oder die sonndurchflutete Praterhauptallee, in der Graf Bobby der Gräfin Pollitzer begegnete. Und wenn sich unsere Gedanken traumhaft in warme Zimmer mit weichen Betten und Tee mit viel Rum verloren hatten – dann war es gerade wieder an der Zeit, in die Wirklichkeit zurückzukehren und mit dem gegenseitigen Warmprügeln zu beginnen. So verging die Nacht. Es war eine lange Nacht.

Ein trostloser Morgen begann. Der Pfingstmontag.

Der Vater wird jetzt zur Arbeit aufstehen und die Mutter wird ihm das Frühstück kochen. Sicher wird sie noch vorher einen Blick zum Fenster hinaus werfen und das Stück blauen oder grauen Himmel ober der engen Vorstadtgasse mustern. „Jetzt wird unser Bergnarr schon wieder zu einer Wand unterwegs sein!" wird sie sagen . . .

Der Bergnarr war aber dabei, sich den Schnee von den Kleidern abzubeuteln, sah in die blauen Gesichter seiner Gefährten, dachte an den weiteren Abstieg durch die unbekannte Wildnis und war nahe daran, die ganze Bergsteigerei zu verwünschen . . .

„Von mir aus könnte diese Bergfahrt schon zu Ende sein. Mir langt es!" brummte der Hansl und sprach damit aus, was sich jeder von uns dachte. Aber sie war noch nicht zu Ende, diese Bergfahrt, sie war noch lange nicht zu Ende . . .

Wir begannen aufs Geratewohl abzusteigen. Orientierung? Dazu war der Nebel zu dicht und das Gelände zu zerklüftet! Nur hinunter! Das war unsere Orientierung. Nur hinunter! Wir zitterten uns über brüchige Wandstellen hinab, quälten

uns durch triefend nasse Latschen, querten schaurige Rasenwände, an denen im Lehm steckende Felsscherben unser einziger Halt waren - und wünschten uns sehnlichst einen Riesenbesen, um den scheußlichen Nebel wegzufegen!
„Ein Weg!" schrie da Hilde jauchzend auf.
Ein Weg! Nun war alles wieder in Ordnung! Wir waren auf einem Weg! Das war Balsam für die Nerven! Da waren schon Menschen vor uns gegangen. Bergauf - bergab - an steilen Abbrüchen entlang - an Höhlen vorbei - Höhlen mit viel Gemslosung! Da stimmte etwas nicht! War etwa der Weg . . .?
Der Weg war nur ein Gemspfad! Und die Minuten, die wir auf diesem Weg dahingeschritten, waren nur eine Illusion gewesen.
Die Zeit verging im Fluge. Um vier Uhr sollte der Sonderzug wieder von Gstatterboden abfahren, und unsere Rucksäcke lagen noch immer auf der Haindlkarhütte. Hoffentlich hat niemand die Bergwacht wegen uns verständigt! Wir kommen schon allein aus der Schlamastik heraus! Nur Zeit brauchen wir! Zeit! Doch die splitterbrüchige, von grasigen Lehmwänden umgebene Schlucht, in der wir staken, fraß die Zeit! Es ließ sich kein schnelleres Tempo erzwingen.
Da sah ich rechts von der Schlucht so etwas Ähnliches wie einen Ausweg. Ein bisserl langwierig sah dieser Ausweg aus - aber sicherer als die brüchige Schlucht. Ich machte Hansl und die Mädchen noch auf diese Möglichkeit aufmerksam und stieg dann allein die Schlucht weiter ab. Irgendein Teufel mußte mich dabei geritten haben, als ich diesen Entschluß faßte - aber ich wollte schneller als die anderen im Tale sein, um noch die Rucksäcke holen zu können . . .
Die Schlucht wurde immer steiler und das Wasser, das in ihr hinabschoß, immer mehr. Ein gutes Stück konnte ich noch

frei abklettern, dann stand ich vor einem überhängenden Abbruch. Da war es aus mit dem Klettern! Doch ich hatte ja das Seil umhängen. Liebevoll rollte ich den starren Strick auf, sah mich um nach einer Ritze für den Abseilhaken . . . Abseilhaken?

Du lieber Bimbam! Die Haken hatte alle der Hansl!

Aber da war eine Latsche. Es war eine kümmerliche Latsche - ausgewaschen und unterhöhlt. Mit einem flauen Gefühl im Magen seilte ich mich daran ab. Als ich das Seil abzog, wußte ich, daß ich mir damit den Rückzug abgeschnitten hatte.

Die Schlucht verengte sich zur Klamm. Düster war die Szenerie geworden. Links und rechts triefende Wände - und in der Mitte das Wasser, das in mächtigen Fällen über die Klammabbrüche hinabstürzte. Und dazu die gespenstischen Nebelfetzen . . .

Ich watete durch das Wasser, kletterte glitschige Wandstellen hinunter und seilte mich von runden Felsköpfen oft mitten durch die Wasserfälle ab - bis ich dann vor einem Abbruch stand, der weder zu klettern war, noch eine Möglichkeit zum Abseilen bot . . .

Rauschend ergoß sich der Wasserfall in ein weites Becken. Auf dieses Becken setzte ich meine Hoffnung! Wenn es tief genug war, um einen Achtmetersprung aufzuhalten, dann war alles in Ordnung. Wenn nicht, dann gab es zumindest gebrochene Knochen . . .

Ich holte tief Atem und sprang ab. Während des Fluges zog ich die Beine ein wie ein Düsenjäger sein Fahrgestell . . .

Tschumm - um mich schlug das Wasser zusammen. Die Strömung erfaßte mich und schleuderte mich gegen einen Felsen. Mit klammen Fingern zog ich mich hoch, zappelte eine Weile wie ein Fisch auf dem Trockenen und blieb dann liegen. Mühsam begann ich mich aufzurichten - aber das viele Wasser, das sich in meiner Pumphose angesammelt hatte, zwang mich schwer in die Knie. Erst als ich die Pumphose ausgepumpt hatte, konnte ich wieder weiter . . .

Vor mir wurde es licht!

Hurra! Der Klammausgang!

Der Klammausgang? Ja und nein! Die Klamm brach mit einer hohen Felswand ins Leere ab! Ich saß in einer Mausefalle gefangen.

Die Knie begannen mir zu schlottern und ich konnte nichts dagegen tun. Tränen der Wut liefen mir heiß über die kalten Wangen herab und ich konnte sie nicht aufhalten. G'sund schaust aus, Freunderl! Über die Schluchtabbrüche kommst du nicht mehr zurück! Und schreien kannst du in der wasserdurchtosten Schlucht soviel du willst - hören tut dich jedenfalls kein Mensch! Den Helden in den Bergromanen kommen in solchen Momenten immer so wunderbare heroische Gedanken - ich bekam es mit der Angst zu tun. Und diese Angst brachte mich dazu, pfeilgrad über den Abbruch abzuklettern . . .

Ich kletterte, wie ich noch nie in meinem Leben geklettert bin! Über splittrige Überhänge ließ ich mich, oft nur an den Fingerspitzen hängend, hinab. Lockere Grasbüschel und in die Erde gekratzte Griffe waren meist mein einziger Halt. Aber dann sperrte ungangbares Gelände meinen Weg in die Tiefe . . .

Zehn Meter weiter rechts sah es wieder gangbar aus. Aber wie dahin kommen? Pendelquergang, Pendelquergang - summte es in meinem Schädel. Also gut. Eine Latsche bot dazu die einzige Möglichkeit! Probieren wir es!

Ich rollte das Seil auf, klemmte das Ende zwischen die Zähne und kletterte zu der Latsche hinauf. Mißtrauisch prüfte ich ihre Festigkeit. Die Wurzeln verloren sich in lockerem Erdreich. Wenn unter dem lockeren Zeugs Felsen waren, dann . . . Ein schwarzer Käfer krabbelte vor meinen Augen in der dunklen Erde herum. Meine Anwesenheit mußte ihn sehr erschreckt haben. Sicher war ich der erste Mensch, den er je in seinem Käferleben zu Gesicht bekommen hatte. Ich beneidete den Käfer um seine unbegründete Angst. Meine dagegen . . .

Sei wenigstens mein Talisman, schwarzer Käfer!

Kurz entschlossen legte ich das Seil um die Latsche, setzte mich in den Dülfersitz und seilte mich nach links in die Wand. Gar bald zog es mich unbarmherzig nach rechts zurück. Aber ich brauchte noch mindestens zwei Meter für den Pendelschwung. Noch einen Meter . . . noch ein Stückerl . . . dann war es soweit! Ein kräftiger Schwung – und ich pfiff durch die Luft einem kleinen Felsköpfel zu. Meine Pendelberechnungen waren richtig gewesen: erleichtert aufatmend fand ich auf dem Köpfel Stand. Schon wollte ich mich aus dem Abseilsitz lösen, als ich spürte, wie sich unter mir etwas bewegte . . .

Instinktiv umklammerte ich mit beiden Händen das Seil. Und das war keine Sekunde zu früh, denn mit einem gräßlichen Knirschen brach das Köpfel unter mir weg und es schleuderte mich wieder in die Wand hinaus . . .

Das Ende . . . das war alles, was ich dachte.

Aber noch hatte ich das Seil umklammert! Noch hatte ich etwas zum Anklammern!

Frei hing ich über dem Abgrund . . . Immer tiefer rutschte ich an dem nassen, glitschigen Seil . . .

Die zwei Seilenden züngelten wie Schlangen in der Luft . . .

Fester umkrallte ich das Seil – und kam trotzdem den zwei Schlangen immer näher . . .

Verzweifelt hielt ich nach einem Stand Ausschau.

Das Gesimse dort!

Das war die Rettung – wenn es mir gelang, hinzukommen . . .

Ich begann am Seil zu pendeln.

Nur mehr zwei Meter trennten mich vom Seilende . . .

Da – mit den Zehenspitzen hatte ich das Gesimse schon berührt!

Aber das Seil zog mich wieder hinaus in die Luft.

Langsam – mir kam es unendlich vor – trieb ich wieder dem Gesimse zu.

Jetzt mußte es klappen, sonst . . .

Es klappte! Gott sei Dank – es klappte! Ich fand Stand. Mit leicht schlotternden Knien stand ich auf einem fußbreiten Gesimse. Ich war dem Leben wiedergegeben!

Eine halbe Stunde später stand ich am Fuß der Wand. Nur mehr ein schmaler Waldstreifen trennte mich von der Johnsbacher Straße. Die Ödsteinfahrt war zu Ende. Und jetzt sah ich auch, daß die Sonne wieder schien . . .

In einem Wirtshaus an der Gesäusestraße traf ich Hansl und die beiden Mädchen wieder. Ihr Weg war doch der bessere und – kürzere gewesen! Schon eine halbe Stunde lang hatten sie mit Bangen auf mich gewartet. Aber jetzt war alles wieder gut! Alles! Alles! Macht doch keine so traurigen Gesichter, Kinder!

„Ja, weißt du es nicht, vom Kubu-Dolfi?" frug mich Hansl.

„Was ist mit ihm?"

„Tot ist er! Abgestürzt an der Roßkuppenkante!"

Als ich dann von der Haindlkarhütte unsere Rucksäcke holte, konnte ich es mit eigenen Augen sehen: durch das Kar schleppten ein paar Menschen einen dunklen Gegenstand mühsam genug talwärts. Der dunkle Gegenstand war unser

Freund Dolfi. Und es war erst etliche Stunden her, daß wir beieinander gesessen, geredet und gelacht hatten und keine anderen Sorgen kannten als etwa die, ob der König Artus bei unserem alpinen Ritterfest in Ritterrüstung oder im Leintuch auftreten sollte.

Sorge nistete in der Haindlkarhütte. Fast in jeder Wand waren Kletterer gewesen, als das Unwetter losbrach. Dolfi war nicht das einzige Todesopfer. Die zwei Leobener waren auch noch überfällig. An der Ödsteinkante hatte man in der Früh das alpine Notsignal gehört. Die Bergwacht war schon unterwegs ins Ödsteinkar. Schlimme Pfingsten waren das geworden!

Der Sonderzug fuhr um fünf Uhr von Gstatterboden ab. Er war voll mit Menschen, welche die Ferientage in den Bergen verbracht hatten. Einige davon waren sehr traurig. Und in unserem Abteil war ein Sitz leer.

Am nächsten Tag stand ich nach Geschäftsschluß im hellen Sonnenlicht an der Opernkreuzung. „Bergsteigerkatastrophe im Gesäuse“ – „Noch immer zwei Vermißte auf der Ödsteinkante“, schrien die Schlagzeilen der Zeitungen. Meine wundgekletterten und leicht angefrorenen Fingerspitzen schmerzten und eine schwere Müdigkeit lag in meinen Knochen. Rings um mich ging alles seinen gewohnten Gang: Menschen, die feierabendfroh von der Arbeit heimwärts hasteten, lachende Mädchen an der Seite glücklicher Männer, überladene Blumenstände . . .

Ich hörte noch immer, wie der eine Leobener sagte, daß es wieder schön würde, sah noch immer das Menschenhäuflein, das sich im Haindlkar mit einem dunklen Gegenstand abmühte und dachte zurück an die Gipfel der Gesäuseberge, wie sie sich vor vierundzwanzig Stunden, als der Sonderzug Gstatterboden verließ, gezeigt hatten: im silberweißen Neuschneekleid prangend und von der Nachmittagssonne verklärt. Schön und friedlich - so, als ob nichts geschehen wäre . . .

Die Durstkante

Endlich kam auch Hansl von seinem Erkundigungsgang zurück . . .

„Nichts! Keine Spur von einem Weg: außer einem schmalen Pfad, der sich nach einer Viertelstunde im Dschungel verliert!“

„Ich fand auch nichts! Außer Sandvipern!“

„Habe ich auch gesehen! Ich glaube aber, daß es Kreuzottern sind. Kreuzottern sind etwas weniger giftig!“

Es gab also keinen Pfad durch den Dschungel unter der Nordkante des Monte Agnèr! Es gab nur Schlangen. Und um das festzustellen, waren wir den ganzen Nachmittag in dem dichten Gestrüpp herumgeirrt . . .

Schweigend schritten wir durch die Gassen von Col di Prà. Aus den Fenstern schauten uns schwarzgekleidete Frauen lange nach, und die Kinder hörten zu spielen auf, wenn wir an ihnen vorbeigingen. Schön langsam wurde mir das Lucano-Tal unheimlich! Dieses Tal, wo die Riesenwände links und rechts der Straße über dem Wanderer zusammenzuschlagen scheinen, dieses Tal mit den brennesselumwucherten Hausruinen und der verfallenen Kirche, welche kein Paternoster mehr belebt und in der das Ewige Licht erloschen, dieses Tal, in dem Blumen wachsen, die wir bis dahin nur im Glashaus gesehen hatten, und wo die Bewohner dem

Fremden lange nachstarren, als sei er ein Gast aus einer anderen Welt . . .
Gestern, ja gestern, da war alles noch anders gewesen! Da waren wir über die Palahochfläche gekommen und hatten ein Freudengeheul ausgestoßen, als wir die sechzehnhundert Meter Fels der Nordkante des Monte Agnèr zum ersten Male gesehen hatten. Aber diese Freude war heute immer mehr und mehr von uns gewichen. Heute wußten wir, daß man sich zum Einstieg der Kante stundenlang durch pfadlosen Urwald den Weg bahnen muß, daß die Anstiegsroute den ganzen Tag lang von der Sonne beschienen wird und daß es in diesem Tal viele Schlangen gibt. Vor Schlangen hatten wir Angst, sogar eine Heidenangst . . .
Vor der Trattoria blieben wir stehen. Das Thermometer zeigte noch immer vierzig Grad im Schatten, obwohl es schon spät am Nachmittag war. Der Kopf tat mir weh, vielleicht vom ständigen Hinaufschauen auf die Riesenkante des Monte Agnèr, vielleicht von der Hitze . . .
„Ich glaube, jetzt könnte uns ein Vierterl Schlangenbiß-Gegengift im vorhinein auf keinen Fall schaden!“ sagte Hansl.
Der Wein war warm und löschte kaum den Durst. Aber er ließ uns die Welt freundlicher erscheinen! Die Welt war an diesem Tag für uns die Agnèrkante.
Die Sonne versank hinter den Bergen, und der Riesenklotz des Monte Agnèr leuchtete im Abendrot. Als eine feine Linie zog die Nordkante sechzehnhundert Meter schnurgerade zum Gipfel – die längste Felsfahrt der Dolomiten.
„Dieser Berg ist mir einen Schlangenbiß wert!“ flüsterte der Hansl vor sich hin. Ich hob mein Glas . . .
„Prosit! Auf den Monte Agnèr!“
„Und auf den Durst, den wir da oben leiden werden!“

Wir verließen Col di Prà um fünf Uhr früh. Die Straßen waren noch leer, nur in den Häusern hatten die schwarzgekleideten Frauen schon das Feuer entfacht, und wieder blickten sie uns durch die Fenster lange nach. Oben, am Waldrand, blieben wir dann noch eine kleine Weile stehen, schauten hinunter zu den Häusern, aus deren Schornsteinen der Rauch träge zum Himmel stieg, zu dem glitzernden Bach, zu dem weißen Band der Straße, auf der gerade ein Radfahrer talaus fuhr, und dann nahmen wir Abschied von diesem friedlichen Idyll und traten ein in den dunklen Wald.
Der Pfad verlief sich wirklich nach einer Viertelstunde. Umgestürzte Baumleichen, kniehohe Farne und Gräser – und kein Weg! Auf einem vermoderten Baumstrunk entdeckte ich einige zusammengeschlichtete Steine. Hoffnung durchzuckte mich . . .
„Die Steine sind von mir!“ sagte da ruhig der Hansl.
Also dann . . . Mit einem Tarzan-Urwaldschrei brach ich krachend in das Gestrüpp ein. Doch mein Tarzanschrei hatte die Tierwelt geweckt, und unter der grünen Decke begann es zu rascheln und zu knacken. Beklommen blieb ich stehen. Die Mistkäfer, Feuersalamander und weiß der Kuckuck was für Viehzeug verwandelten sich in meiner überreizten Phantasie in Giftschlangen mit greulich aufgerissenen Rachen . . .
Angstvoll wartete Reserve-Tarzan, bis alles wieder ruhig war.
„Hast du vielleicht Angst vor den Blindschleichen?“ höhnte da der Hansl und preschte mit einem mächtigen Satz an mir vorbei. Und schon begann auch wieder das Rascheln am Boden . . .
Jetzt war es der Hansl, der stehenblieb und starr zu Boden blickte.

„Hat dich ein Feuersalamander erschreckt?“ wollte ich nun wissen.
„Ich habe etwas zischen gehört!“ sagte er und schob vorsichtig mit einem Ast einige Blätter beiseite.
„Gib acht, daß sie dich nicht beißt!“ sagte ich und sah mich nach einem Stock um . . .
„Achtung! Jetzt kommt sie!“ flüsterte der Hansl und trat einen Schritt zurück. Was aber unter den Blättern hervorkam, war keine Höllenotter, auch keine Sandviper, nicht einmal eine Kreuzotter, sondern - ein Frosch! Ein ganz gewöhnlicher Frosch mit Kulleraugen, mit feistem Bauch, ein ganz gewöhnlicher Frosch, so wie sie die Höllenottern, Sandvipern und Kreuzottern gerne als Sonntagsbraten verschlingen. Und dieser Frosch benahm sich ganz ungeniert, so als ob es keine Schlangen gäbe, welche Frösche gerne als Sonntagsbraten verschlingen. Sorglos blinzelte der Frosch uns zu und hopste herum, daß es nur so eine Freude war . . .
Dieser Frosch rückte also wieder unser vor Schlangenangst in die Hose gefallenes Herz zurecht. Mutig wie der echte Tarzan schlugen wir uns nun durch den Dschungel . . .
Eine Stunde später rasteten wir auf einem bemoosten Felsblock. Der Schweiß lief uns in Strömen übers Gesicht, und unsere Hemden klebten am Körper. Und Durst hatten wir! Durst! Auf was hatten wir gestern abend getrunken? Auf den Durst, den wir auf der Agnèrkante leiden werden! Von der Kante war in dem Dschungel noch nichts zu sehen. Der Durst war schon da!
Vor uns baute sich eine Gestrüppwand auf. Klimmzug an einem Haselnußast. Krrch . . . peng . . . sakrahaxen, jetzt hänge ich wieder einmal fest mit dem blöden Seil . . . Über einen Dornbusch hinwegspreizend zu einem Hetschebetsch-

strauch . . . Krrch . . . fffst . . . auwehauweh . . . der verdammte Ast muß mir ausgerechnet ins Gesicht schnalzen . . . Mit Hilfe eines Fichtenastes Quergang nach rechts zu einer dichten Wasweißich-Staude . . .

Den Alpinisten hat Gott erschaffen
als Kreuzung zwischen Mensch und Affen!

„Noch fünf solcher Zustiege, und ich trete im Zirkus als Lukani der Menschenaffe auf!“ fluchte ich.

„Tschapperl! Nach drei solchen Zustiegen sitzt du doch schon im Narrenhaus!“ keuchte der Hansl.

Aber dann wurde es lichter um uns. Wir traten aus dem Wald ins Freie und – setzten uns vorerst einmal nieder! Denn vor uns stand der mächtigste Felskoloß, den wir je geschaut hatten! Das war also unser Berg! Fels, grauer Fels, der aus dem Grün des Waldes ins Unendliche zu wachsen schien. Wir sahen vor lauter Fels den Berg nicht mehr . . .

Wir keuchten das Kar empor zu den Felsen. Der Einstieg zu unserer Kante wäre zwar etwas weiter rechts gewesen – aber um dorthin zu gelangen, hätten wir noch einmal in den Dschungel untertauchen müssen. Und unser Bedarf an Waldesluft war an diesem Tag gedeckt! Wir begannen die Wand des dreihundert Meter hohen Kantensockels direkt anzuklettern . . .

„Wird es da auch gehen?“ zweifelte Hansl.

„Es wird schon gehen!“

„Es wird schon gehen!“ – Wir waren eben echte Wiener Kinder! „Wir werden doch keinen Richter brauchen, Euer Gnaden!“ heißt es bei uns in Wien. Aber als es bereits elf Uhr geworden war, standen die Wiener Kinder noch immer inmitten von gelben splittrigen Überhängen und lotrechtem, gefährlichem Bruch . . .

Hansl kletterte einen abdrängenden sandigen Riß empor. Soviel wir von unten gesehen hatten, schien das Gelände nach dem Riß leichter zu werden. Gleich mußte Hansls Juchu-Geschrei ertönen. Da! Er schrie schon irgendwas . . .

„. . .fix . . . Sauerei . . .“

Das klang gar nicht nach Juchu!

Ich kletterte nach. Als ich oben war auf dem Stand, sah ich die Bescherung: Ungangbarer Fels sperrte den Weiterweg nach oben!

„Hätten wir . . .“

„Wären wir . . .“

Ja, hätten wir den richtigen Einstieg genommen! Wären wir nicht so verdammt leichtsinnig gewesen . . .

Hansl schlug einen Abseilhaken . . .

„Wird er auch halten?“ zweifelte ich.

„Er wird schon halten!“

Wir werden doch keinen Richter brauchen, Euer Gnaden! Aber diese Walze hatten wir an diesem Tag schon gehabt! Sakrahaxen, nun brach die gestaute Wut in mir aus . . .

„Einen Schmarrn wird der Haken halten! Runterfliegen können wir damit, das ist alles! Schluß jetzt mit den Wiener Würsteln!“ tobte ich und drosch so heftig auf den armen Mauerhaken ein, so heftig, als wollte ich damit den ganzen Monte Agnèr in Stücke sprengen.

In Col di Prà läuteten die Mittagsglocken, als wir den Sockelkopf erreicht hatten. Von den sechzehnhundert Metern hatten wir dreihundert unter uns. Zwei Stunden hätten wir laut Beschreibung dafür brauchen dürfen. Wir hatten mit unserem Extra-Einstieg viel Zeit vertrödelt. Und die Zeit war das Kostbarste, was wir hatten, auf unserem langen Weg zum Gipfel des Monte Agnèr . . .

Unlustig saßen wir auf einem Rasenfleck und sahen uns den Weiterweg an. Dreizehnhundert Meter Fels warteten noch auf uns. Und wir hatten gar keine Lust zu kommen! Die Luft vibrierte vor Hitze, und wir waren träge wie zwei Oktoberfliegen am 31. Dezember. Bei dieser Hitze noch klettern! Uns graute vor dem Klettern! Und trotzdem stand ich auf! Schwerfällig und langsam stand ich auf, langte nach dem Seil und begann zu klettern. Wie ein Traumwandler begann ich zu klettern, fünf Meter, zehn Meter stand ich schon ober dem Freund und konnte es nicht glauben, daß es so war, denn in Gedanken war ich ganz woanders. Unten, im kühlen Wald, auf schattigen Wiesen und bei dem Brunnen von Col di Prà waren meine Gedanken . . . Apathisch kletterten wir dahin. Nach dreißig Metern Kletterei waren unsere Kehlen so ausgedörrt, daß wir glaubten, ersticken zu müssen. Unbarmherzig brannte die Mittagssonne auf uns nieder, brannte uns auf den Schädel, brannte uns bis ins Hirn. Heiß war der Fels, heiß griff sich das umgehängte Eisenzeug an, und heiß pochte unser Blut in den Adern. In Strömen lief uns der Schweiß übers Gesicht, brannte in den Augen und schmeckte salzig auf der Zunge . . .

„Hitzewelle über Europa", hatte das Radio gemeldet.

Hitzewelle . . . wo ist der nächste Griff! . . . über Europa! Hitzewelle . . . wenn nur irgendwo ein Fetzen Schatten zu sehen wäre . . . Hitzewelle über Europa! Es ist Wahnsinn, bei dieser Hitze zu klettern!

„Wasser!"

Mit bebenden Händen öffneten wir den Verschluß der Feldflasche.

„Trinke, Hansl!"

„Trinke du zuerst!"

„Nein, du sollst zuerst trinken!"

Gierig hingen meine Augen an Hansls Mund.
„Du hast keine Ahnung, wie schwer es ist, die Flasche wieder abzusetzen!“ sagte er dann.
Der erste Schluck des warmen Wassers verwandelte sich im Mund sofort zu Schleim. Der zweite Schluck war Himmel und Hölle zugleich! Wir müssen mit dem Wasser sparen, sagte die Vernunft. Aber es war so schwer, vernünftig zu sein. Es war so schwer, die Flasche wieder abzusetzen und den köstlichen Strom zu unterbrechen . . .
Und dann gab es auch Augenblicke wie diesen: ein böses Knirschen an dem Felsblock, den soeben beide Hände umfaßt hatten, ein jäher Schreck, der den ganzen Körper erstarren läßt, und schon ist es um das Gleichgewicht geschehen – der ausbrechende Block drückt den Körper aus der Wand . . .
Aber das ist in Zeitlupe geschildert. Dem Himmel sei Dank, daß unsere Nerven in solchen Situationen nicht im Zeitlupentempo reagieren.
Also: Ehe mich noch der gut zwanzig Kilo schwere Block aus der Wand drückte, hatte ich mich schon wieder fest verspreizt. Und sogar mehr: ich hatte dem Block noch die entscheidende Drehung geben können, daß er . . .
„Achtung! Hansl!“ brüllte ich . . .
. . . an dem ganz verdattert dreinblickenden Hansl und an dem gefährdeten Seil vorbei in die Tiefe rasen konnte. Dann aber, dann wischte ich mir den kalten Schweiß von der Stirne.
Weiter. Sechshundert Meter Fels liegen unter uns. Ober uns aber sind noch immer tausend!
Die erste vernünftige Kletterstelle, die wir fanden, war der Hundertzwanzigmeterkamin. Vernünftig, weil wir endlich unsere rot angelaufenen Köpfe im Schatten kühlen konnten.

Standplatz unter einem weit hinausragenden Kaminüberhang. Da hinauf? Wollen wir doch lieber zuerst ein bisserl schauen, ob es innen im Kamin nicht besser geht.
Ich folgte dem Spalt, der sich im Hintergrund des Kamins auftat. Der Spalt war zuerst eng, wurde dann breiter und führte tief in den Berg hinein. Bald war mir das grelle Licht der Sonne entschwunden. Zögernd tastete ich mich in dem fahlen Schein weiter. Das Seil war schon fast aus und der Spalt war noch immer nicht zu Ende. Einen Klemmblock entdeckte ich – wie ein Thron sah er aus – und auf diesem Klemmblock wollte ich mich niedersetzen, rasten, die Augen schließen . . .
Niedersetzen, rasten, die Augen schließen, das war es, was ich wollte. Aber kaum hatte ich mich auf dem Klemmblock niedergelassen, begann in meinem Schädel ein eigenartiger Gedanke zu kreisen. Ich hatte mit einem Male die Vorstellung, ich sei ein Stück des Berges! Der Stoff meiner Kletterhose, die an meiner Brust hängenden Mauerhaken, die vor Durst aufgesprungenen Lippen – das war mir auf einmal so fremd! Alles war so fremd. Ich träumte mit offenen Augen. Ich kauerte auf dem Klemmblock und starrte den moosgrünen Fels an. Die Zeit stand still. Ich war ein Stück des Berges, und für mich gab es überhaupt keine Zeit . . .
„He! Was ist los mit dir? Hat dich ein Höhlenbär da drinnen gefressen?" schrie es irgendwo.
„Nachkommen!" rief ich erschrocken und begann das Seil einzuziehen.
Nein, die Zeit stand nicht still! Für uns überhaupt nicht! Für uns war es höchste Zeit, allerhöchste Zeit sogar, die Kante unter uns zu bringen. Denn das, was ich da auf dem Klemmblock zusammenspintisiert hatte, waren die ersten Anzeichen eines Hitzekollers!

Noch weitere zwanzig Meter folgten wir dem Spalt, dann wurde es wieder lichter, und auf der anderen Seite des riesigen Pfeilers traten wir hinaus in das grelle Sonnenlicht . . . Steil stieg vor unseren Augen die Kante himmelwärts. Doch es war kein blauer Himmel, der sich ober uns wölbte. Der Himmel war von der Sonnenglut gebleicht, und wenn man hinaufsah zu ihm, taten die Augen weh.
Ich kletterte die Kante empor. Es war gar nicht leicht.
„Schlag einen Haken!" schrie der Hansl.
„Ikarus" summte es in meinem Schädel. Ikarus wollte himmelwärts fliegen. Doch die Sonne zerschmolz seine Flügel, und Ikarus stürzte ab. Ikarus! Der Name ging mir nicht mehr aus dem Kopf. Von den Felsen strömte eine unerträgliche Hitze aus, und bald mußten auch meine Flügel geschmolzen sein . . .
„Schlag einen Haken!" schrie da wieder der Hansl.
„Ja!" brüllte ich heiser zurück und trieb dann mit hastigen Schlägen einen Haken in den Fels. Eine Minute später hatte ich den Überhang überwunden und hockte schwer keuchend auf einer winzigen Kanzel. Ikarus . . . zum Teufel mit Ikarus! Ich mußte etwas tun gegen diese Anfälle von Hitzekoller . . .
Ein Mundvoll Wasser und ein Stück Traubenzucker brachten mich wieder so weit, daß ich halbwegs klar denken konnte. Ich stopfte mein Taschentuch in die Mütze, damit mein Kopf nicht mehr so sehr den sengenden Sonnenstrahlen ausgesetzt war, und hielt mir dann für einige Minuten die Hände vors Gesicht. Das war alles, was ich selber tun konnte. Aber es half! Meine Gedanken gehörten wieder mir. Ich bildete mir nicht mehr ein, ein Stück des Berges oder Ikarus zu sein. Griff – Tritt – Griff – ich kletterte wieder mit der Mechanik eines Uhrwerkes. Und wenn ich da-

zwischen an Quellen mit klarem, kaltem Wasser dachte oder an ein Strandbad, wo sich die Menschen im Wasser herumtummelten, übermütig bespritzten oder mit kraftvollen Schwimmtempos das Wasser zerteilten, so war das ganz natürlich. Bei dieser Hitze!

Etwa in zwei Drittel Kantenhöhe fanden wir einen mit einem Steinmäuerchen umwallten Biwakplatz. Noch stand die Sonne hoch am Himmel, doch war es nicht mehr so irrsinnig heiß. Und das war gut so, denn jetzt standen wir vor dem entscheidenden Teil der Fahrt: dem lotrechten, glatten, zweihundert Meter hohen Steilaufschwung der Kante. Die zünftigen Stellen in den tausendzweihundert Metern unter uns waren nur ein Auftakt gewesen.

Aus dem Rucksack holten wir das zweite Seil heraus, die Spezialhaken und einige Holzkeile für alle Fälle. Dann begannen wir einen seichten Riß hochzuklettern . . .

Gegen acht Uhr abends richteten wir knapp unterhalb der Schlüsselstelle unser Biwak ein. Standhaken, Seilgeländer, den Pullover als Kopfkissen – und das Bett war gemacht. Die Füße ließen wir über die Wand hinabbaumeln.

Der feierliche Augenblick war gekommen: das armselige Restchen Wasser, das noch in unserer Feldflasche gluckste, war nun zu teilen.

Erster Schluck: Lippenbefeuchtung.

Zweiter Schluck: Zungenbefeuchtung.

Zu einem dritten Schluck reichte es nicht mehr.

Was uns blieb, war eine leere Feldflasche und ein unbändiger Durst!

„Hansl!“ sagte ich dann, „Hansl, ich glaube, das Wort Wasser streichen wir jetzt aus unserem Wortschatz! Ich kann es nicht mehr hören!“

„Ist recht! Reden wir halt nur mehr von Bier!“

Es hätte nicht viel gefehlt, und ich hätte den Hansl über die Kante hinuntergeschmissen!
Bier!! Goldgelbes, schäumendes Bier! Das Glas ist beschlagen, und der weiße Schaum quillt über den Rand, die Zunge schlägt den Schaum beiseite und dann (der erste Schluck ist immer der beste!) rinnt langsam das herbe Gebräu die Kehle hinunter. Wie das erfrischt! Und wie die Kohlensäure auf der Zunge prickelt ...
Meine Zunge, die einem Stück Leder glich, leckte über die aufgesprungenen Lippen ...
„Hansl, gib mir eine Zigarette!"
Nach zwei Zügen warf ich die Zigarette wieder weg ...
„Schmeckt wie eine schwelende Kokosmatte!"
„Kannst du dich noch an unsere Kokosmatte erinnern?"
O ja! An unsere Kokosmatte im Kriegsgefangenenlager konnte ich mich gut erinnern! Nacht für Nacht waren wir in unserem Zelt darauf gelegen, der Hansl und ich. Bis dann die Katastrophennacht kam. Ein Wolkenbruch war es gewesen, welcher der Sintflut Konkurrenz machen konnte. „Karl, aufstehen, wir müssen einen Abflußgraben für das Wasser ziehen", hatte der Hansl gesagt. Aber ich war in den langen Monaten der Kriegsgefangenschaft zum Stoiker geworden. Ich blieb auf unserer Kokosmatte liegen. So war der Hansl allein hinausgekrochen in die stürmische Regennacht. Nach einer Viertelstunde kam er zurück. Waschelnaß war er, der gute Hans! Aber er hatte seine Arbeit getan, und ich hatte ein schlechtes Gewissen. Doch nach fünf Minuten stand das Wasser zehn Zentimeter hoch in unserem Zelt. Hansl hatte im Finstern den Graben pfeilgrad zu einer Riesenlache gezogen, und statt das vom Zelt herabfließende Wasser abzuleiten, hatte er die Riesenlache angestochen und deren Wasser direkt in unser Zelt geleitet ...

„Die ganze Nacht haben wir damals im Regen Wasser geschöpft!“

„Und geflucht!“

„Heute würden wir das Wasser nicht ausschöpfen, sondern ausschlürfen!“

„Ja, . . . aber wir reden schon wieder vom Wasser!“

„Schlafen wir ein. Schlafen ist gut gegen den Durst!“

Doch der Schlaf wollte nicht kommen. Das erhitzte Blut in unseren Adern glühte, und die Phantasie kreiste um klare Bergquellen, moussierende Brauselimonade, und unsere Träume waren Bierschäume . . .

„Das eine weiß ich, morgen saufe ich jeden Brunnen aus“, murmelte Hansl.

„Herrgott ja! Aber jetzt gib Ruhe!“

Ich bettete den Kopf zwischen meine Hände und drückte die Augen zu . . . Und da hörte ich zum ersten Male das leise Wasserrauschen . . .

Natürlich hielt ich es anfangs für eine Sinnestäuschung. Wo konnte auf dieser Durstkante schon Wasser rauschen? Hast Ohrensausen, du armer Durstiger, und hältst das für Wasserrauschen! Ich löste meinen Kopf aus den Händen. Das leise Wasserrauschen hielt an. Von links kam es. Aus der Nordwestschlucht. Aus der Nordwestschlucht? Natürlich! Fast oben am Schluchtende hatten wir ein Schneefeld blinken gesehen. Das also war es . . .

Sofort fing wieder das Hirn zu arbeiten an. In die Schlucht können wir nicht. Davon trennen uns gut zweihundert Meter schwerster Fels. Eine Tagestour für sich, mit Seilquergängen und allem anderen Drum und Dran. Aber in meinem Hirn formte sich der Gedanke: was würdest du machen, wenn du jetzt in der Schlucht stündest?

Ganz langsam zu dem Wasser hingehen . . .

. . . und dann stehenbleiben . . .
. . . und eine Minute lang die Vorfreude genießen . . .
. . . und das kühle Naß auf der Zunge spüren . . .
. . . und erst dann: trinken, trinken, trinken!

Trinken? Da wären wir also wieder bei dem leidigen Thema. Unsere ausgetrockneten Gehirne verwandelten alles zu Wasser. Ob nun ein Gedanke bei einem abgerissenen Hosenknopf begann oder der Betrachtung des Mondes entsprang – alles wurde zu Wasser . . . Mit beiden Händen hielt ich mir die Ohren zu, um den Wasserfall nicht mehr hören zu müssen. Doch das Rauschen drang sogar durch die Hände. Meine eigenen Hände hatten sich in Lautsprecher verwandelt, welche das Rauschen zehnfach verstärkt wiedergaben. Resigniert ließ ich sie in den Schoß sinken. Nein, das Rauschen wird nicht mehr aufhören! Einmal von den Sinnen aufgenommen, wird es anhalten, bis der Morgen graut. Die Tortur des Wassertropfens! Diese Nacht also hieß Durst! Und der neue Tag, dessen Werden wir auf unserem Hochsitz in allen Phasen erleben konnten, sah wieder nach Durst aus . . . Oberhalb unseres Biwakplatzes setzte der Riß mit den drei Überhängen an. Die Schlüsselstelle! Zehn tiefe Kniebeugen, damit die Muskeln geschmeidig werden, und dann: los! Mit grauem, übernächtigtem Gesicht lehnte der Hansl an der Wand und bediente das Seil . . .

Und da geschah es dann! In abenteuerlicher Kletterstellung stehend, wollte ich gerade mit Inbrunst einen Haken schlagen, als ich kräftig danebenhaute und mit voller Wucht auf den Zeigefinger meiner rechten Hand schlug. In weitem Bogen spritzte das Blut weg. Ich hörte nur mehr die Englein singen. Am Seil ließ ich mich hinab auf den Standplatz. Der Nagel lief sofort blau an und der Finger schwoll zu einem unförmigen Gebilde.

„Ein feuchter Umschlag wäre da gut!“ riet grinsend der Hansl.
„Aber dir aufs Hirn, damit dir deine blöden Witze vergehen!“ stöhnte ich und leckte das Blut von meinem Finger ab.
„Bist ein Vampir und zuzelst dich wohl selber aus?“ hänselte mich der Hans weiter.
„Rutsch mir über den Buckel runter!“ fauchte ich und kletterte am Seil hinauf zum letzten Haken. Jetzt ging es um die Wurst! Die Schuppe, hinter der unsere Vorgänger den Haken für den Quergang nach links geschlagen hatten, war am Abbrechen und es gab sonst keine andere Möglichkeit, einen Haken anzubringen. Ich mußte den Quergang ohne Seilhilfe klettern . . .
Hansls Augen waren nun ganz wach. Dreifach hatte er das Seil um seine Hände gewickelt. Ich nickte ihm zu und dann . . .
. . . dann hing ich nur mehr mit den Fingerspitzen an winzigen Kerben, und jede der Kerben, die meine rechte Hand berührte, war mit warmem, rotem Blut markiert. Ich kletterte in einem Höllentempo. Kletterte? Sah ich überhaupt noch auf Griffe und Tritte? Ich schwamm einfach über die glatte Platte hinüber – mit der Schwerkraft um die Wette! Und ich gewann!
Doch dann kam der dritte Überhang. Aus war es da mit dem Schwerkraftschwindel! Der dritte Überhang war schwer (sauschwer sogar!) und meine Kraft war ziemlich flöten. Immer wieder verkrallten sich meine Finger um den entscheidenden Griff. Sogar den angeschlagenen Finger hatte ich schon eingesetzt. Aber die Kraft langte nicht mehr für den Klimmzug. In solchen Situationen tut ein Blick in die Tiefe wahre Wunder! Gute zwanzig Meter sind es bis zum

letzten Haken. Das ergibt einen freien Flug von vierzig Metern. Es stand dafür, die letzten Kräfte zusammenzukratzen! Und so zauberte ich einen Dreifinger-Klimmzug zusammen, der sich in jedem Varieté sehen lassen konnte . . .
„Bravo!“ schrie mein Einmann-Publikum da unten auf dem Standplatz.
Tusch! Stand. Wieder hatten wir dreißig Meter Agnèrkante geschaukelt. Sechzehnhundert weniger dreißig macht fünfzehnhundertsiebzig.
„Na . . . ommen!“ krächzte ich.
Das „ch“ und das „k“ gingen sich nicht mehr aus. Ein Schleimknödel steckte in meiner Kehle. Dieser verdammte Durst! Und nichts als grauer Kalk, wohin das Auge auch blickte.
Weiter! Immer weiter!
Was steht in der Routenbeschreibung?
„Von einer Stufe durch einen Riß und über einen Überhang weiter (äußerst schwierig) . . .“ Die Stufe war da – nur führten von ihr ein halbes Dutzend Risse mit Riesenüberhängen empor ins blaue Firmament. Prompt haben wir auch den falschen Riß erwischt, der dann so schwierig wurde, daß es vor lauter „äußerst“ nimmer weiterging.
Ob dann der andere Riß der richtige war, weiß ich nicht. Jedenfalls hätte ich mir nach fünfzehn Metern, als mich die Überhänge immer weiter aus dem Riß drängten, gerne einen Haken geschlagen. Zum Hakenschlagen braucht man mindestens eine Hand – ich brauchte aber schon mindestens zwei Hände zum Anhalten!
Der Riß führte uns in eine lotrechte Wand, in der es überall und nirgends weitergehen konnte. Fünf Meter rechts von uns war eine Kante: vielleicht ist das Unbekannte dahinter leichter als das Bekannte vor unseren Augen? An Knopf-

griffen querte ich zur Kante und - hurra! - an richtigen Scherbenhenkeln ging es dahinter höher.
In einem Mausloch von einer Höhle fanden wir ein Restchen von Schatten. Und in diesem Mausloch kam uns eine herrliche Idee:

Das KLE-WU-SCHLÄU
(Kletterers Wunder-Schläuchel)

Kein Durst mehr! Kein Wassermangel! Das Kle-Wu-Schläu ist ein riesiges Gummischläuchel, das Sie vor der Bergfahrt in einen Bach legen und dann wie einen Feuerwehrschlauch hinten nachziehen. Sie brauchen daran nur zu zuzeln und haben jederzeit frisches Wasser. Sie ersparen sich außerdem die Mitnahme eines Reserveseiles, da das Kle-Wu-Schläu auch für Seilzugstellen und zum Abseilen bestens geeignet ist. Modell „Agnèrkante" hat eine Schlauchlänge von 2000 Metern. Patent gesetzlich geschützt!

Eine Bombenidee, nicht wahr? Damals, in unserem Mausloch, kam es uns zumindest so vor! Wir sahen hinab zu dem im Sonnenlicht blinkenden Bach, leckten mit unseren Lederzungen über die Reibeisenlippen und stellten uns vor, wie schön das wäre, wenn wir jetzt nur zuzeln brauchten. Der Bach würde nicht länger mehr in der Sonne blinken! Radeputz würden wir ihn auszuzeln - samt den Kaulquappen und Wasserflöhen!
„Wei .er!"
Auch das „t" gaben unsere ausgetrockneten Kehlen nicht mehr her. Die Sonne brannte sengend auf uns nieder und keuchend hingen wir in den Felsen. Hitzewelle über Europa! Wir kletterten nun schon den zweiten Tag . . .

Endlich hatten wir die leichten Gipfelfelsen erreicht! Raus aus dem verschwitzten Hemd und dem Anorak – hinein mit der Schlosserei in den Rucksack. Mit nacktem Oberkörper kletterten wir weiter . . .
Und das, was dann kam, werde ich mein ganzes Leben nicht mehr vergessen! Ich kletterte eine Felsrippe empor, querte nach links in einen Kamin, und als ich den Kamingrund erreicht hatte, sah ich vor mir ein Becken mit klarem Wasser! Schmelzwasser vom unterhalb des Gipfels befindlichen Schneefeld.
„Hansl!“ schrie ich, „Hansl! Wasser?“
„Wa-wa-was? Wasser? Wirkliches Wasser?“
„Wirkliches Wasser!“
Und da lag ich aber schon auf dem Bauch, und während ich das Seil einholte, trank ich, trank ich, trank ich, wie ich noch nie in meinem Leben getrunken hatte!

*

Am Abend dieses Tages saßen wir wieder in dem Tal, wo die Riesenwände links und rechts der Straße über den Wanderer zusammenzuschlagen scheinen, in dem Tal mit den brennesselumwucherten Hausruinen und der leeren, verfallenen Kirche, welche kein Paternoster und kein ewiges Licht mehr belebt, in dem Tal, in dem Blumen wachsen, die wir bis dahin nur im Glashaus gesehen hatten, und wo die Bewohner den Fremden lange nachstarren, als sei er ein Gast aus einer anderen Welt . . .
Die Nacht lag nun über dem Lucano-Tal und die Riesenwände schimmerten unheimlich im blassen Mondlicht. Wir saßen vor unserem Heustadel. „Das waren zwei Tage, welche die Welt erschütterten!“ sagte der Hansl und tat dann einen langen Zug aus der Wasserflasche.

„Die Welt hat aber von dieser Erschütterung nichts gemerkt!“
„Nein, die Welt hat nichts gemerkt!“
Es war eigentlich gar nichts geschehen in den zwei Tagen. Das, was gestern und heute die Schlagzeilen der Zeitungen ergeben hatte, wird in einem Monat schon vergessen sein. Nur: zwei Freunde waren auf einen Berg gestiegen und hatten Himmel und Hölle erlebt. Und das werden diese beiden nie und nimmer vergessen können!

Kleider machen Leute

Wer in den Bergen in Schnürlsamthose und kariertem Hemd herumläuft, wird im allgemeinen gerne als Zünftiger angesehen. Wer aber in weißem Hemd und Modesakko etwa an einem Samstagabend in den „Betrieb“ der zünftigen Gaudeamushütte hineinplatzt, der wird hinter seinem Rücken wenig schmeichelhafte Bezeichnungen hören, wie „verirrter Talschleicher“ oder „schwindelfreier Schwammerlsucher“.

So ging es auch uns! Mit meinem Chef hatte ich geschäftlich in Kitzbühel zu tun gehabt, und in Kitzbühel hatten wir Heini Harrer getroffen. Es war ein schöner Tag, und der Wilde Kaiser stand lockend vor unseren Nasen. In meinen Fingerspitzen begann es zu kribbeln, und ich überredete Harrer dazu, mit in den Wilden Kaiser zu kommen. Anfangs hatte er Bedenken gehabt: seit neun Jahren sei er nicht mehr im Fels gewesen, und dann, was sollte er anziehen? Aber der Tag war zu schön gewesen, als daß ein Bergsteiger seinen Lockungen hätte widerstehen können, und so hatte Harrer das Manuskript seines Tibet-Buches zugeklappt und aus den Truhen mit tibetanischen Gebetsfahnen und Urkunden eine Keilhose und ein Paar Schischuhe hervorgezaubert. Bei Freunden hatten wir noch ein Seil geborgt, und dann waren wir losgezogen. Ziel: Kopftörlgrat. Eine Sonntagvormittagtour sollte es sein. Harrer wollte Sonntag mittag schon wieder daheim sein, mein Chef und ich hatten am frühen Nachmittag in Salzburg zu tun.

So kamen wir also auf die Gaudeamushütte. Dort war ein richtiger Hüttenzauber im Gange. Ein paar Gesellen hatten ihre Gesichter mit Ruß geschwärzt und wollten den anwesenden Mädchen gar zu gerne einen Kuß geben; die Mädchen kreischten, die Menge johlte, und die Klampfen und Mundharmonikas machten die Stimmungsmusik dazu.

„Die Herren müssen das verstehen", sagte der Hüttenwirt, der berühmte Hofer-Peter zu uns, „das sind alles zünftige Bergsteiger, und die unterhalten sich halt gerne am Samstag ein bissele!" Es war so, wie wenn ein Cicerone einem Amerikaner zu erklären versucht, warum der Neapolitaner immer singt.

Ja, ja, das könnten wir schon verstehen, antwortete Harrer, murmelte etwas von auch einmal jung gewesen und frug dann, ob uns der Hofer-Peter nicht einen „Kaiserführer" leihen könne. „Einen Koasaführer?" Der Hofer-Peter schaute auf das blütenweiße Hemd meines Chefs, musterte mein Modesakko, schüttelte den Kopf und sagte dann: „Sie brauchen doch keinen Koasaführer! Die Wege sind alle schön markiert!"

„Auch der Kopftörlgrat?" frug Harrer still und bescheiden. Der Hofer-Peter schnappte nach Luft.

„Der Kopftörlgrat ist natürlich nicht markiert! Aber der ist auch nichts für Sie! Das ist eine Klettertour!"

Klettern! Das war es ja, was wir wollten, sagten wir. Ob wir überhaupt schon einmal geklettert wären? Ja, vor neun Jahren, sagte Harrer, sei er . . .

Der Hofer-Peter setzte zu einem Vortrag an: „Also, daß

mich die Herren verstehen, der Kopftörlgrat ist schon eine richtige Klettertour. Das heißt: für einen richtigen Kletterer ist er natürlich keine große Angelegenheit, aber . . ." Wieder ein Blick auf mein Modesakko, einer auf Harrers schöne Krawatte . . . „aber wie gesagt, den Herren möchte ich von dieser Tour abraten. Es liegt noch viel Schnee auf dem Grat, und er wurde deswegen heuer auch noch nicht begangen."
Wir blieben hartnäckig. Wie lange man unter diesen Umständen für die Tour rechnen müsse? Der Hofer-Peter schickte einen hilfesuchenden Blick zum Himmel . . .
„Also: bis zum Einstieg rechnet man zwei Stunden. Für den Grat . . . sagen wir: vier Stunden . . . Abstieg wieder zwei Stunden . . . aber sakrahaxen, das sind halt alles richtige Bergsteiger, die solche Zeiten brauchen . . ."
„Wir sind ja auch richtige Bergsteiger!" gab ich zu bedenken. Aber der Hofer-Peter schaute nur auf meine Aktentasche, welche das Seil barg, und nickte. Es war das alles verzeihende Nicken der Wirte, das sie auch für die Leute bereit haben, welche ihnen wankend und mit schwerer Zunge versichern, daß sie noch ganz nüchtern seien.
„Viel traut uns der aber nicht zu!" sagte Harrer dann, als der Hofer-Peter wieder von unserem Tisch weg war. Nein, viel traute uns der Peter nicht zu. Wir hörten, wie er nun alle auf der Hütte anwesenden Kletterer frug, ob keiner von ihnen morgen auf den Kopftörlgrat gehen möchte, damit er keine Angst um diese Salontouristen haben müsse. Aber, wie gesagt, es waren diesmal lauter Zünftige auf der Gaudehütten. Die Fleischbank-Ostwand war das mindeste, was sie gingen. Jetzt kratzte sich der Peter den Schädel und kam dann wieder zu uns zurück . . .
Er versuchte eine neue Taktik. Er begann davon zu erzählen, wie schön so ein Spaziergang hinauf aufs Ellmauer Tor

sei. Und wie oft er als Hüttenwirt es schon erlebt habe, daß Leute sich auf Sachen eingelassen hätten, denen sie nicht gewachsen waren. Besonders Ältere sähen meist nicht ein, daß sie schon zu alt für manche Unternehmungen seien, während die Jüngeren . . . ob wir wirklich auf den Kopftörlgrat wollten?

Ja, das wollten wir, sagte ich und ich sagte auch, daß sich der Hofer-Peter keine Sorgen um uns machen solle, wir seien schon auch richtige Bergsteiger – den Kopftörlgrat schaukeln wir noch, ohne mit einer Wimper zu zucken – wir hätten Seil und Bergschuhe mit Gummisohlen, und wenn wir auch sonst ein wenig unalpin aussähen, so sei dies nur darauf zurückzuführen, daß wir eben unvermutet auf den Gedanken gekommen seien, klettern zu gehen. Aber was half es! Der Hofer-Peter hatte seine schlechten Erfahrungen, und die Leute, denen er sie verdankte, hatten genauso ausgesehen wie wir. Da waren alle guten Worte sinnlos. Ein kariertes Hemd und eine Schnürlsamthose hätten uns viel mehr genützt. Kleider machen Leute!

Der Sonntag begann mit einem strahlenden Morgen. Vom Dunkelblau des Himmels hoben sich grell die grauen Kalkspitzen ab und darunter funkelten die weißen Schneefelder. Kaiserwetter!

„Jetzt schauen wir aber, daß wir schnell weiterkommen, bevor uns der Hüttenwirt sieht!“ sagte Harrer. Und dann: „Aber den Einstieg erreichen wir nie in zwei Stunden – dazu ist die Entfernung zu weit und ich bin zu wenig trainiert. In den letzten Monaten bin ich etwas verweichlicht!“

Fünf Minuten später pries ich bereits das gnädige Schicksal, das Harrer verweichlicht hatte, denn das Tempo, das er von Anfang an vorlegte, war höllisch! Himmelschimmel! Ich war doch auch kein Anfänger, aber hinter dieser Maschine, die da Schritt um Schritt dahinzog, haxelte und keuchte ich nach wie ein asthmatischer Dackel. Warte, sagte ich mir, warte bis zur Steilstufe unter der Gruttenhütte, dort regelt sich das Tempo von allein . . .

„Das war mein Tempo in Tibet mit fünfundzwanzig Kilo Gepäck am Buckel!" sagte da Harrer ruhig. Und Tibet ist fünftausend Meter hoch, ergänzte ich im stillen, und meine Hoffnung, daß sich in der Steilstufe das Tempo regeln würde, wurde dünn wie mein Atem . . .

Natürlich zog Harrer auch die Steilstufe in „seinem Tempo" hoch! Ich hinterdrein! Aber fragt nicht, wie! Der Schnee, das war jetzt meine letzte Hoffnung. Der Schnee mußte doch diese Maschine stoppen. Der Schnee, wann fängt denn endlich der verdammte Schnee an?

Noch nie habe ich den Schnee so begrüßt wie an diesem Tag. Aber als Harrer auch durch den Schnee - stapf-stapf - immer gleichmäßig stapf-stapf - dahinrannte, war auch diese Hoffnung zerschmolzen. Bis zum nächsten Höhenrücken hältst du noch das Tempo, dann läßt du diese Wildsau rennen, schwor ich mir immer. Und als dann der Höhenrücken erreicht war, keuchte ich doch wieder weiter. Ich rannte nicht mehr um meinetwillen! Aber das war es: was würde Harrer vom Bergsteigernachwuchs für eine Meinung haben, wenn so ein Bürschchen schon am Weg zum Einstieg vom Kopftörlgrat zusammenbricht? Als wir am Einstieg des Kopftörlgrates angelangt waren, konnte ich mir zwar sagen, daß ich die Ehre des Bergsteigernachwuchses gerettet hatte, kam mir aber vor wie einer der Boxkampfsieger in der Wochenschau, die so kaputtgesiegt sind, daß sie fast in die Knie gehen, wenn man ihnen den Siegerkranz umhängt. Wir sahen auf die Uhr: eine Stunde war vergangen, seitdem wir von der Gaudeamushütte aufgebrochen waren . . .

„Ich kann es gar nicht glauben, daß wir schon da sind!“ sagte Harrer.
„Bei diesem Tempo . . .“ keuchte ich.
„Ach, das Tempo, das war sowieso gemütlich. Aber ich bin noch immer die Entfernungen von Tibet gewöhnt. Da schaut durch die dünne Luft alles ganz nahe aus. So wie die Entfernung Gaudeamushütte - Kopftörlgrat schaut in Tibet ein guter Tagesmarsch aus!“
Herrgott, war ich da froh, daß der Kopftörlgrat nicht in Tibet stand!
Wir seilten uns an und begannen zu klettern. Natürlich wieder im tibetanischen Tempo. Aber im Fels, da war ich zu Hause! Und der Fels gab mir auch meine Selbstsicherheit wieder, die ich bei dem Einstiegswettlauf schon fast verloren hatte. Wie es gerade kam und wo es nur halbwegs ging, kletterte ich hinauf. Ja, im Fels, da war ich zu Hause! Und alle nasenlang frug ich Harrer, wie es ihm gefiele, und wenn er begeistert antwortete, so machte mich das glücklich wie eine junge Mutter, der man sagt, daß ihr Kind das schönste und klügste der ganzen Welt sei. Stundenlang hätte ich jetzt so steigen mögen, an nichts denken als an die paar Meter Fels vor den Augen und keine anderen Sorgen haben als diese, ob den Heimkehrer aus fernen Welten dieses Stück Fels unserer Heimat auch glücklich mache.
Der Gipfel! Wir saßen beim Kreuz und sahen hinüber zur Westwand des Totenkirchels. Ich erzählte Harrer von dem heißen Sommertag, an dem wir als siebzehnjährige Buben diese Wand durchstiegen hatten. Ich erzählte vom Nasenquergang und vom Schluchtquergang, vom Zickzackwandel und von den Ausstiegsrissen, und wie wir damals vor Freude gehüpft sind, als wir den Gipfel erreicht hatten. Und das alles war jetzt schon wieder so lange her, so lange, daß ich es

kaum mehr glauben konnte, daß ich es selber erlebt hatte . . .

„Ich kann es manchmal auch nicht glauben, daß ich es war, der dies alles erlebt hat!" sagte da Harrer leise. Und das, was er meinte, war kein Nasenquergang und kein Zickzackwandel, sondern sein großes Abenteuer, welches die Gemüter der ganzen Welt bewegt hatte. Ganz bestimmt hätten wir jetzt zu philosophieren angefangen: über unser Leben, das uns manchmal so unwahrscheinlich vorkommt, und über die Zeit, die vergeht und alles, was gewesen, verweht. Ganz bestimmt hätten wir zu philosophieren angefangen, da oben auf dem Gipfel der Ellmauer Halt, im Sonnenschein und in dem Frieden des wunderschönen Bergmorgens. Aber ich mußte am Nachmittag schon in Salzburg sein und Harrer wieder in Kitzbühel . . .

Wie die Besessenen turnten wir also die Versicherungen des Normalweges hinunter. Und dann kam der Schnee, und da waren wir erst recht nicht mehr zu halten. Eine Affenschande war es, wie wir an diesem schönen Tag durch die Gegend rasten. Eine Affenschande!

Um neun Uhr vormittags waren wir wieder bei der Gaudeamushütte. Wir waren drei Stunden unterwegs gewesen.

Ich war gerade dabei, meine Sachen zu packen, als der Hofer-Peter auftauchte. Als er mich da so an meiner Aktentasche herumzipfen sah, begann sein Gesicht zu strahlen wie die liebe Sonne an einem Tag, für den die Wettermacher Schlechtwetter prophezeit hatten . . .

„Ist der Kopftörlgrat schon gestürmt?" fragte er und zwinkerte lustig mit den Augen.

„Der Kopftörlgrat ist gestürmt!" antwortete ich forsch.

„Und wie weit seid ihr gekommen? Bis zur Steilstufe? Oder gar bis zur Gruttenhütte?"

„Bis zum Gipfel!“
Jetzt wurde der Hofer-Peter schnell ernst.
„Du Bübele“, sagte er, „tu mich nicht foppen! Wenn ihr beide wirklich am Kopftörlgrat wart, dann könnt ihr noch nicht zurück sein!“
„Wir sind aber schon zurück!“
„Ja, dann bist du also wirklich schon vorher geklettert?“
„Ich bin wirklich schon vorher geklettert!“
„Auch im Koasa?“
„Auch im Wilden Kaiser!“
„Teifinocheinmal, dann hab ich mich an dir sakrisch verschaut. Du schaust nämlich nicht aus wie ein Kletterer! Aber was ist mit dem älteren Herrn, der da mit dir mit ist . . .?“
„Der ältere Herr ist der Heini Harrer!“
„Der Hei . . . Ha . . . Harrer?“ Der Hofer-Peter schnappte nach Luft. Dann drehte er sich um und verschwand in der Hütte. Er erschien erst wieder, als ich mit meiner Toilette fertig und salzburgmäßig auf Hochglanz poliert war. Mißbilligend schüttelte der Hofer-Peter den Kopf . . .
„Leutchen, wie könnt ihr dann aber auch in so einem Aufzug daherkommen! Ihr schaut ja direkt verboten unalpin aus!“
Wie gesagt, wer in den Bergen in Schnürlsamthose und kariertem Hemd herumläuft, wird im allgemeinen gerne als Zünftiger angesehen. Wer aber in weißem Hemd und Modesakko . . .
Es stimmt schon: Kleider machen Leute!

O Herr, gib jedem seinen eignen Tod.
Das Sterben, das aus jenem Leben geht,
darin er Liebe hatte, Sinn und Not.
Denn wir sind nur die Schale und das Blatt.
Der große Tod, den jeder in sich hat,
das ist die Frucht, um die sich alles dreht.

RILKE

Denkt der Bergsteiger auch an den Tod?

Der Bergsteiger denkt auch an den Tod. Aber er glaubt daran, daß sein eigener Tod nicht in den Bergen zu ihm kommen wird . . .

Jeder Bergsteiger glaubt, daß ihm – und nur ihm – in den Bergen nichts geschehen kann. Der Glaube an den unversehrbaren Menschen wird Wunschtraum bleiben, solange es Menschen gibt, die gefährlich leben. Doch auch Achill und Siegfried sind gestorben, sind ihren Tod gestorben! Das weiß der Bergsteiger! Er weiß um die Gefahr des Steinschlags, und er kennt die furchtbare Gewalt eines Wettersturzes. Er hat schon oft erlebt, daß auch scheinbar verläßliche Griffe plötzlich ausbrechen, und er weiß, daß schon Bessere als er in den Bergen

gefallen sind. Trotzdem glaubt er daran, daß sein eigener Tod nicht in den Bergen zu ihm kommen wird!
Mit diesem Wissen und mit diesem Nichtwissenwollen zieht der Bergsteiger in die Berge. Er ist kein Verächter des Todes, und er ist kein Fatalist. Er ist ein Idealist und fürchtet den Tod nicht weniger als jeder andere Mensch. Er ist ein Mensch, der sein Haus an einen Vulkan baute und hinter diesem Haus eine Mauer zum Schutze gegen die alles verderbende Lava errichtet hat. Eine Mauer der Illusion.
Schlimm ist es immer, wenn diese Mauer durchbrochen wird . . .

*

Weiß ist der Schnee. Weiß und kalt . . .
Der weiße Schnee gibt der durch die Kälte grau gewordenen Welt Schönheit und Weihnachtsfrieden. Über die weiße Schneedecke braust zischend der Schi, knirschend bricht der Fuß des Wanderers sich seine Spur. Doch unter dem Schnee ruht die Erde, und die Erde ist schwer . . .
Ich werde nie das Erlebnis vergessen, das ich an jenem wunderschönen Frühlingstag hatte . . . der Schnee schmolz in der Sonne dahin, die Erde kam wieder zum Vorschein . . .
Da ist einmal die Vorgeschichte.
An einem der ersten Dezembertage des Jahres 1941 fuhr der in Wiener Neustadt stationierte Soldat E. mit der Seilbahn auf die Raxalpe. E. war aus dem Flachland. Er war noch nicht viel in den Bergen gewesen. Als er aus der Seilbahnstation trat, nahm ihm der scharfe Bergwind fast den Atem . . .
Auf der Raxhochfläche war es schon fast Winter. In den Mulden lag Schnee. Die Latschen trugen bizarre Eisfahnen. Wenn eine tieferhängende Wolke an den Berg stieß, war alles grau.

E. erreichte nach einer halben Stunde Wanderung das Ottohaus. Im Ottohaus war es warm und behaglich. Eine Schale Tee belebte das Gemüt. An der Wand des Gastzimmers hing eine Übersichtskarte. Neugierig trat E. näher. Auf der Karte führten feine Linien nach allen Richtungen. E. fragte den Hüttenwirt, wie weit es bis zur nächsten Schutzhütte sei.
„Zweieinhalb Stunden bis zum Ludwighaus!“ Und dann: „Aber Vorsicht! Der Nebel wird stärker!“
E. war Soldat. Wenn er nicht Urlaub hatte, mußte er gehorchen. Heute hatte er Urlaub. Es stand ganz in seinem Belieben, was er unternehmen wollte: entweder im Ottohaus noch ein paar Stunden sitzen oder in zweieinhalb Stunden zum Ludwighaus wandern. E. trat zum Hüttenbuch. Spielerisch griff er nach dem Bleistift. Da schrieb seine Hand auch schon in die Rubrik: „Abgegangen wohin?“ das Wort: Ludwighaus. Wieder nahm ihm der scharfe Bergwind den Atem. Der Nebel war stärker geworden. E. begann kräftig auszuschreiten. Was E. von nun an getan und gedacht hatte, wurde in den folgenden Tagen zum großen Rätsel für eine Handvoll Männer. Denn nachdem sich die Tür des Ottohauses hinter E. geschlossen hatte, wurde er von keinem Menschen mehr gesehen . . .
Die Dienststelle in Wiener Neustadt trat auf den Plan. Man gebrauchte diskret das Wort: Desertion. Die Bergwacht sagte: Unfall. Man lächelte ungläubig. Bergunfall auf einem Seilbahnberg? Die Bergwachtmänner lächelten nicht. Sie kannten ihren Berg . . .
Der Fall war klar. Zwischen Ottohaus und Ludwighaus mußte man den Vermißten suchen. Natürlich nicht nur am Wege! Die Bergwachtmänner wußten die Stellen, wo man Vermißte finden konnte, die im Nebel den Weg verloren hatten . . .

Die Suche begann. Der erste Tag: man fand nichts. Der zweite Tag: wieder nichts. Noch trugen die Bergwachtmänner heißen Tee und Nahrungsmittel mit für den Fall, daß man den Vermißten fand. Aber es verging eine Woche, und man hatte ihn noch immer nicht gefunden. Die Suche war zu einem Wettlauf mit der vorgerückten Jahreszeit geworden. Jeder neue Tag konnte den Berg mit einer Schneedecke verhüllen.

Am Ende dieser Woche erschien der Vater des Vermißten. Verzweifelt. Nur mit Halbschuhen bekleidet. In Halbschuhen wollte der Vater auf der sturmumbrausten Raxhochfläche seinen Sohn suchen. Der Bergungsleiter schüttelte mitleidig den Kopf. Vom Morgen bis zum Abend hatte er Tag um Tag jede Mulde durchstreift, jedes Latschenfeld durchsucht. In Sturm und Nebel. Immer mit einem sorgenvollen Blick zu dem grauen Dezemberhimmel, der Schnee verhieß. Vergebens . . .

Abends saßen die Bergwachtmänner um den Tisch, entwarfen und verwarfen Theorien, wie und wo man auf der fünfundzwanzig Quadratkilometer umfassenden Raxhochfläche den Vermißten finden könnte. Es war alles rätselhaft. Irgendwo mußte der Vermißte liegen. Irgendwo . . . Man sprach noch immer von einem Vermißten, obwohl man morgens längst keinen heißen Tee mehr in den Rucksack packte – sondern einen grauen Sack. Doch am Nebentisch saß der Vater. Einsam, traurig und noch immer mit einer leisen Hoffnung im Herzen . . .

Über Nacht fiel dann Schnee. Der Hüttenwirt gab den ersten Schneebericht durch: zwanzig Zentimeter Pulver. Die Bergwachtmänner packten ihre Sachen und stiegen zu Tal. Im Frühling wollte man weitersuchen.

Am Silvesterabend war es sehr zünftig auf dem Ottohaus.

Der Schnee war gut, und so war auch Schifahrers Laune gut. Man sang, trank und lachte. Es war sehr warm in der Schutzhütte. Des öfteren trat man vor die Hütte, um sich ein wenig abzukühlen. Man sah auf die weiße Hochfläche und freute sich an des Winters Pracht. Man freute sich an des Winters Pracht und fand mit einem Male alles schön: die Welt und das Leben. Morgen wollte man auf sausenden Brettern in das neue Jahr fahren. Hoffentlich in ein besseres Jahr! Denn man schrieb das Jahr 1941, und noch immer war Krieg. Man wünschte sich eine Schneedecke, welche die ganze Welt in Schönheit und Friede verwandeln könnte – so wie diesen Berg in dieser Nacht . . .
Man wußte nicht, daß auch unter dieser weißen Schneedecke ein Toter lag . . .
Der Frühling nach diesem Winter war schön und warm. Wir hatten schon zeitig mit dem Klettertraining beginnen können, und zeitig im Jahr war uns daher auch schon eine äußerst schwere Felsfahrt gelungen: Stadlwand-Verschneidung, dritte Begehung. Der Fels war triefend naß gewesen. Über den Höhlenüberhang hatte ich mich an Haken emporgerauft, die nur im Schlamm staken . . .
Nach dem Kampf ist der Friede doppelt schön. Allein wanderte ich am nächsten Tag in das Höllental. Ein wenig klettern wollte ich. Und dann wandern. Ohne Haken und Doppelseil wollte ich den Berg genießen.
Langsam stapfte ich das Schuttfeld zum Katzenkopfsteig hoch. Vorbei an Schneerosen und Primeln. Ein wenig müde war ich. Und meine Gedanken gehörten noch nicht ganz diesem Tag. Hergott, ein Sturz an dem Höhlenüberhang hätte schlimm ausgehen können . . .
Jetzt kam das Schneefeld. Mit kräftigen Tritten stieß ich Stufen in den Schnee. Ab und zu blieb ich stehen. Der Wald

war nun schon tief unter mir. Es war ganz still im Höllental. Ich war ja auch zeitig genug aufgestanden. Das Schönste in den Bergen ist der Morgen. Es war ein wunderschöner Frühlingssonntagsmorgen.
Weiter stapfte ich das Schneefeld hinauf. Der Schnee wurde schmutzig, und einige darin steckende Steine beschleunigten meine Schritte. Ich war in der Steinschlagzone. Ich sah nach oben. Auch die Wand war an diesem Sonntagsmorgen ruhig. Beruhigt senkten sich wieder meine Augen. Und da sah ich vor mir eine Hand aus dem Schnee ragen . . .
„Das ist nicht wahr!“ flüsterte ich. Das konnte doch nicht wahr sein! Es war doch Sonntag und Frühling!
Aber die Hand war Wirklichkeit. Grausige Wirklichkeit! Schon einige Tage lang mochte sie der Schnee ausgeapert haben. Sie war unförmig aufgeschwollen und hatte die doppelte Größe der Hand eines Lebenden.
Langsam drehte ich mich um. Dann jagte ich wie von Furien gehetzt über Schnee und Schotter zu Tal. Ich rannte vorbei an Primeln und Schneerosen. Ich rannte durch den morgenkühlen Wald, und der Schweiß lief mir von der Stirne. Ich sah nicht auf den Weg. Ich sah nicht den blauen Himmel. Ich sah immer nur eine Hand aus dem Schnee ragen . . .
Eine Stunde später stand ich mit Freunden wieder auf dem Schneefeld. Wir hatten Schaufeln mit und den bewußten Sack. Auf uns wartete eine Arbeit, die wir nie und nirgends gelernt hatten.
Wir begannen, den Toten freizuschaufeln. Mit weit ausgebreiteten Armen lag er im Schnee. Steif und gefroren. Und mit zertrümmertem Kopf . . .
Wir waren ganz sachlich bei unserer Arbeit. Wir mußten den Toten in den Sack bringen. Also mußten wir ihm erst die Arme zurechtbiegen. Aber kaum hatten wir die Schau-

feln angesetzt, begannen seine Arme zu krachen - so wie Eiszapfen brechen. Wir waren ganz sachlich bei unserer Arbeit. Wir mußten warten, bis das Fleisch des Toten etwas aufgetaut war . . .
Still standen wir auf dem Schneefeld - und warteten . . .
„Wir sind die letzten Menschen, die auf dieser Welt noch auf ihn warten!“ sagte einer.
Wir warteten eine Viertelstunde. Dann glaubten wir, daß es so weit sei. Wieder setzten wir die Schaufeln an. Jetzt ließen sich die Arme leicht biegen. Wir legten sie dem Toten gekreuzt über die Brust. Aber kaum hatten wir die Schaufeln weggezogen, geschah etwas Schauriges. Langsam hoben sich die Arme des Toten, zogen in hohem Bogen durch die Luft und sanken dann wieder weit ausgebreitet in den Schnee. Wir vermieden es, uns anzusehen . . .
Noch einmal setzten wir die Schaufeln an. Und wieder dieses schaurige Armheben des Toten. Fünfmal hoben sich noch die Arme. Dann blieben sie gekreuzt auf der Brust liegen . . .
Jetzt konnten wir ihn in den Sack legen. Es war aber so, daß jeder von uns langsam zurücktrat und darauf wartete, daß die anderen zupacken würden. Eine Welle der Feigheit lief durch unsere kleine Schar. Denn die Sonne stand schon hoch am Himmel, und keiner wagte es, mit seinen aufgekletterten und aufgerissenen Fingern den Leichnam zu berühren.
Das waren Minuten, in denen ich gerne weit weg von diesem Ort gewesen wäre, während derer ich gerne gesagt hätte, daß mich das Ganze nichts anginge. Vielleicht haßte ich in diesen Minuten sogar den Toten - weil er mich etwas anging! Solange er hier auf dem Schnee lag, verlangte er etwas von mir, das über meine Kräfte ging.

Langsam zog ich meinen Anorak aus. Langsam zerriß ich meinen Anorak in Fetzen. Ich wickelte sie um meine Hände. Mein Seilgefährte tat dasselbe. In Gottes Namen - wir waren bereit! Vorsichtig hoben wir den Toten auf und schoben ihn in den Sack. Als das geschehen war, taumelte ich wie betrunken an den Rand des Schneefeldes. Ich brach einige Latschen ab und legte sie dem Toten unter den Kopf. Kräftige Hände griffen zu. Auf dem Schneefeld blieb nichts zurück als ein tiefes Loch mit einigen dunklen Flecken darin. Als wir mit unserer Last im Tal anlangten, erschien die Bergwacht und die Gendarmerie. Der Bergungsleiter öffnete den Sack. Er sah den Toten, den er im Herbst vergangenen Jahres acht Tage lang gesucht hatte: den Soldaten E.

Tausend Fragen stellt der Tod, wenn ihm der Mensch begegnet. Wie war E. von dem Weg zum Ludwighaus in das Höllental gekommen? Das Höllental liegt doch in einer ganz anderen Richtung! Warum führte diese Spur im Nebel in die vierhundert Meter hohe Loswand? Warum? Mir kam alles so rätselhaft vor . . .

Der Gendarmeriekommandant nahm meine Personalien auf. Alter, Adresse, Beruf . . . Mir kam alles so sinnlos vor . . .

Alles war rätselhaft und sinnlos! Es war ein Frühlingssonntagmorgen gewesen, und ich war ausgezogen, um den Berg zu genießen. Dann war alles ganz anders gekommen, ganz anders . . .

Wir saßen auf einem Holzstoß und waren sehr müde. Kein Sonntag mehr. Kein Frühlingstag. Keine Primeln und kein blauer Himmel. Nur ein Toter. Der erste, den wir in unserem jungen Leben gesehen hatten!

Ich dachte: So sieht also der Tod aus! Dies alles, der Schreck und das Grauen, ist geblieben von einem Men-

schen, der gedacht und gelacht hatte wie wir, der an einem Sonntag in die Berge gezogen war und dem dieser Sonntag zum letzten Tag seines Lebens wurde.
Weiß ist der Schnee, weiß und kalt, doch unter dem Schnee ruht die Erde, und die Erde ist schwer.
Ich werde nie das Erlebnis vergessen, das ich an jenem wunderschönen Frühlingstag hatte, als der Schnee in der Sonne dahinschmolz und wieder die Erde zum Vorschein kam . . .

*

Man sagt, daß der Bergtod ein schneller Tod sei. Man sagt dies und spürt ein Bangen im Herzen vor diesem Tod, der das Leben trifft, wenn dieses Leben am stärksten in den Pulsen schlägt. Ein Tod, bei dem es kein Abschiednehmen gibt . . .
Der Abschied gilt noch dem Wiedersehen in diesem Leben. Man schüttelt sich die Hände, klopft sich auf die Schulter, und man freut sich schon auf das Wiedersehen. So war es auch gewesen, als Fritz Kasparek in die Anden fuhr . . .
Um Fritz Kasparek, um den berühmten Bergsteiger und Erstbegeher der Eiger-Nordwand, hat keiner von uns gebangt, als er von uns Abschied nahm. Warum auch? Ihm konnte doch nichts passieren!
Fritz Kaspareks Bergsteigerlaufbahn hatte damit begonnen, daß er als Siebzehnjähriger an einem Samstagabend in die Tanzschule gehen wollte und von Freunden überredet wurde, auf den Peilstein mitzukommen. Immer ist Fritz Kasparek so in die Berge gezogen, als würde er in eine Tanzschule gehen. Er war keine von den düsteren Heldengestalten. Er war ein strahlender, ein lachender Held. Seine Persönlichkeit war so stark, daß sich seine Selbstsicherheit auch auf uns Junge übertrug. Wenn er uns sagte, daß wir diese oder

jene Bergfahrt „derpacken“ würden, dann war diese Bergfahrt für uns schon so gut wie gemacht.
Und doch lag in den letzten Jahren ein Schatten über dem Leben von Fritz Kasparek. Jeder Bergsteiger träumt den Traum von den Weltbergen, von den Sechstausendern und Achttausendern in fernen Landen. Auch Kasparek träumte diesen Traum. Einmal war es dann so weit: der Traum sollte Wirklichkeit werden. Da war der Krieg gekommen. Und die Jahre vergingen . . . Die Jahre vergingen, und Kasparek wurde älter. Es ist immer eine Tragik, wenn Menschen älter werden, die von Taten der Jugend träumen und ganz leise spüren, wie die Jugend Abschied von ihnen nimmt. Kasparek war in das Alter gekommen, wo es für den Bergsteiger mit großen Plänen unbarmherzig heißt: jetzt oder nie!
Eines Tages erschien er in unserer Bergsteigergruppe und teilte mit, daß er in die Anden fahren wolle. Jeder von uns dachte dasselbe: die Anden also sollten die Krönung von Fritz Kaspareks Bergsteigerlaufbahn sein . . .
Aus eigener Kraft stellte Kasparek die Expedition auf. Noch einmal erlebten wir, wie er zu großer Bergfahrt rüstete. Noch einmal. Dann kam der Abschied . . .
Natürlich war es ein fröhlicher Abschied. Man schüttelte sich die Hände und klopfte sich auf die Schulter. Man freute sich schon auf das Wiedersehen . . .
„Der Fritzl hat es geschafft!“ – so sagten wir nach diesem Abschied. Alles hatte er geschafft: das Geld hatte er für die Fahrt aufgetrieben, die Einreiseerlaubnis, die Ausrüstung, und gute Bergkameraden hatte er auch gefunden. Und die Berge? Sie konnten nur Siege für Fritz Kasparek sein! So dachten wir nach diesem Abschied . . .
Dann kam der Tag, wo das Telefon klingelte und Schwanda mich fragte, ob ich die Mittagszeitung schon gelesen hätte.

Ich hatte sie noch nicht gelesen. Warum?
„Kasparek ist in den Anden abgestürzt . . . er ist tot!"
„Das ist nicht wahr!"
„In der Zeitung steht es aber geschrieben!"
Ich legte den Telefonhörer hin und ging um die Zeitung. Und während ich um die Zeitung ging, dachte ich nur das eine: Es ist nicht wahr, daß Fritz Kasparek abgestürzt ist!
Ein jeder Mensch hat sein Vorbild. Das Vorbild von uns jungen Wiener Bergsteigern war Fritz Kasparek. Ein Mensch, der aus tausend bösen Situationen tausend gute Auswege gefunden hatte. Auf den Bergen und im Tal . . .
So war es auch nach seiner ersten Durchsteigung der Eiger-Nordwand gewesen. Kasparek wurde gefeiert – von seinen Freunden, von der ganzen Stadt. An einem festlichen Abend berichtete Kasparek zum ersten Male der Öffentlichkeit von seiner Tat . . .
Der Saal konnte die Menschen, die gekommen waren, kaum fassen. Wir fanden Platz ganz hinten und ganz oben. Vorne saßen die Persönlichkeiten des öffentlichen Lebens. Der Abend war ein gesellschaftliches Ereignis. Als Kasparek den Saal betrat, gab es minutenlangen Applaus. Klein und verlegen lächelnd stand er am Vortragspult . . .
Kasparek berichtete von der Eiger-Nordwand. Vom Kampf und vom Sieg. Auch davon, was es alles nach diesem Sieg gegeben hatte . . .
„. . . und da habe ich dann vom Bürgermeister der Stadt Wien das hochherzige Angebot bekommen, mir eine komplette Bergsteigerausrüstung auf seine Kosten anzuschaffen!" erzählte Kasparek munter drauflos. „Meine Damen und Herren! Sie können sich denken, daß ich mir gesagt habe: wenn schon eine Wurzen da ist, so ist sie da – und habe mir alles zweifach und dreifach angeschafft!"

Heftiges Atemholen ging durch den Saal! Was Kasparek da eben gesagt hatte, war ein Fauxpas. Eine „Wurzen“ ist auf gut wienerisch einer, der dumm genug ist, sich schröpfen zu lassen. Die „Wurzen“ - der Wiener Bürgermeister - aber saß in der ersten Reihe des Saals.
Heftiges Atemholen ging durch den Saal. Bange Sekunden für die Freunde . . . Fritz, warum hast du das gesagt? Wir kennen dich! Wir wissen, daß von der zwei- und dreifach angeschafften Bergsteigerausrüstung dir am wenigsten bleiben wird, weil du ja mit deinem guten Herzen das meiste doch ärmeren Kameraden schenken wirst. Wir wissen, daß du immer aussprichst, was du denkst. Wie ein Kind! Jetzt warst du ein großes Kind, das aus voller Freude erzählte. Wir, deine Freunde, wir kennen dich. Aber die anderen, die anderen, die dich nicht kennen?
Die anderen? Es geschah das Seltsame: auch die anderen verstanden Kasparek - und lächelten. Die Konvention war gesprengt. Was Kasparek gesagt hatte - kein anderer hätte es sagen dürfen! Er durfte es! Der Schlossergeselle aus der Vorstadt hatte nicht nur über die Eiger-Nordwand gesiegt, sondern auch über einen Saal voll Menschen, von denen viele nur gekommen waren, um von einer Sensation zu hören . . .
Als der Vortrag zu Ende war, ging die „Wurzen“ - der Bürgermeister - als erster auf Kasparek zu und schüttelte ihm die Hand. Im Saal tobte die Begeisterung. Aber es war nicht mehr die Tat allein, die man feierte, es war vor allem der Mensch, der diese Tat vollbracht hatte: Fritz Kasparek, für den es auf den Bergen und im Tal keine Schwierigkeiten gab . . .
Daran mußte ich denken, als ich um die Zeitung ging, welche die Todesnachricht von Fritz Kasparek enthalten sollte.

Auch damals, an jenem Abend, hatte es schlimm ausgesehen – und dann war noch alles gut geworden! Vielleicht war Kasparek tatsächlich abgestürzt . . . zehn Meter . . . zwanzig Meter . . . dann konnte auch jetzt wieder alles gut werden!
Doch auf der Titelseite der Zeitung stand in fetten Lettern: „Fritz Kasparek in den Anden tödlich abgestürzt."
Tödlich abgestürzt! Tödlich!
Daß Kasparek in den Bergen sterben würde, hatte ich nie für möglich gehalten. Er war das Vorbild meiner alpinen Jugend, und Vorbilder haben ewiges Leben. Er war für mich ein stets jugendlicher Klettergott gewesen, und auch Götter haben ewiges Leben. Ich hatte vergessen, daß Vorbilder in der Phantasie leben und Götter auf dem Olymp. Dem Menschen bleibt nur diese Erde . . .
Der Berg hieß Salcantay. Eine Wächte war gebrochen. Tausendfünfhundert Meter war Kasparek in die Tiefe gestürzt. So ist diese Erde.
Als ich am Abend dieses Tages nach Hause kam, nahm ich Rilkes „Stundenbuch" und suchte mir den Vers, der da anfängt mit den Worten: „O Herr, gib jedem seinen eignen Tod . . ." – und war traurig und dachte lange nach über den großen Tod, den jeder in sich hat . . .

Achtung, Aufnahme – zwischen Himmel und Erde

Wenn es auch in einem Liede heißt „Immer im Herzen trag ich dein Bild“, so gilt das doch mehr für die irdische Liebe und nicht für die Liebe, die so ein rauhes Mannsbild für irgendeinen Berg oder für eine Felswand im Herzen trägt. Das Bild eines Berges oder einer Felswand trägt das Mannsbild lieber in der Brieftasche – und nicht im Herzen. Deswegen gehört zur Ausrüstung des Bergsteigers neben Seil, Mauerhaken und Reservehandschuhen auch der Photoapparat.

Photographiere – und du hast mehr vom Leben! Es gibt nichts Schöneres, als in Hauspatschen beim warmen Ofen und bei einer Schale Kaffee zu sitzen und Photos zu betrachten, die einen in Kletterpatschen an einem wilden Überhang zeigen, an dem bereits der Totenhansl ums Eck schaut . . .

„Der Überhang war sehr schwer!“ sagt man dann, und zur Beruhigung der durch das Bild in Aufruhr geratenen Nerven nimmt man schnell noch einen Schluck Kaffee. Behaglich strecken sich dann die Beine, weil sie heute über keinen schweren Überhang hinaufmüssen.

„Aber noch schwerer als dieser Überhang war der Überhang, über den ich hinaufmußte, um dieses Photo zu machen!“ kommt es hierauf aus einer Ecke. Das ist dann immer der Photograph, der gesprochen hat . . .

*

Ein Bergphotograph hat es nicht leicht. In der Sorellewand war Hansl unser Photograph. Und als ich an einer photogenen Kante hing (weniger photogen und mehr Griffe wären mir lieber gewesen!), erinnerte ich mich seiner . . .
„Hansl! Tragst du den Photoapparat zum Auslüften mit oder zum Photographieren?“ fragte ich ihn.
Natürlich trug Hansl den Photoapparat zum Photographieren mit! Er zog den Kasten aus der Tasche, öffnete ihn, kniff das linke Auge ein und schaute durch den Sucher . . .
„Klettere noch einen Meter höher, damit das Bild effektvoller wird!“ befahl er dann.
Ich kletterte gehorsam höher. Das Dumme war nur, daß auch die Kante effektvoller wurde! Es gab nicht mehr viel zum Anhalten und nicht mehr viel zum Stehen.
„Beeile dich!“ keuchte ich und preßte meine Finger an winzige Rauhigkeiten. Doch die guten Freunde begannen vorerst einmal zu beraten, welche Entfernung Hansl einstellen sollte. Acht Meter? Oder doch zehn?
„Kinder, wenn ihr noch lange über die Einstellung debattiert, braucht ihr keine mehr einzustellen. Dann bin ich schneller, als ihr denkt, wieder bei euch!“ jammerte ich.
„Immer diese moderne Hast!“ brummte Hansl. „Ich habe nicht einmal noch die Blende eingestellt!“
„Nimm Blende elf!“ riet Schwanda.
„Blende elf?“ rief Scarpietti empört aus. „Das ist doch unmöglich. Das langt höchstens für ein Bild: Zwei Neger im Tunnel!“

Ich spürte, wie mein rechter Fuß langsam von dem winzigen Tritt abzugleiten drohte, ich sah, wie meine verkrampften Hände zu zucken begannen. „Beeile dich, Hansl!“ keuchte ich wieder . . .
Aber Hansl hörte nicht. Er hörte andächtig Schwanda zu, der ihm seine Erfahrungen mit Blende elf mitteilte. Die besten Erfahrungen. Die allerbesten sogar . . .
Da war aber meine Lage schon fast unhaltbar geworden, und ich stieg schnell noch zwei Meter höher, damit ich wieder halbwegs stehen konnte.
Inzwischen hatte sich Hansl doch für Blende 8 entschlossen. Wieder kniff er das linke Auge ein und schaute durch den Sucher. Aber er sah nur mehr die effektvolle Kante – und keinen Kletterer für ein effektvolles Bild.
In diesem Augenblick rief ich, aus dem vollsten Glücksgefühl, daß ich wieder auf zwei Beinen stehen konnte, dem Hansl jubelnd zu, daß er nun photographieren könne, so lange er wolle . . .
„Ja glaubst du, daß ich um die Ecke photographieren kann?“ fragte er mich ganz empört. Da merkte ich es auch: die zwei Meter Höhersteigen hatten mich auf die andere Seite der Kante gebracht . . .
Von Zurückklettern war keine Rede! Ich hatte genug von der effektvollen Kante. Knurrend packte Hansl seinen Photoapparat wieder ein . . .
Und knurrend packte Hansl dreißig Meter weiter den Photoapparat wieder aus. Wieder war ein effektvolles Bild zu machen: Schwanda und ich am Standplatz auf dem großen Quergang, hart an der Abbruchkante eines Felsdaches, fast über der Tiefe schwebend, gut von der Sonne beleuchtet. Bildunterschrift fürs Photoalbum: Zwischen Himmel und Erde.

Aber auch der Photograph schwebte zwischen Himmel und Erde. Hansl und Scarpietti standen auf einem Felszacken, auf dem sogar eine Maus das Problem Raumnot kennengelernt hätte. Mit einer Hand hielt sich Hansl fest, mit der anderen hielt er Scarpietti, der wiederum unsere Seile hielt. Aus dieser Stellung sollte nun Hansl photographieren . . . Hansl und Scarpietti hatten zusammen vier Hände zur Verfügung, zum Festhalten, Seilhalten und Photographieren. Sie hätten mindestens acht gebraucht. Trotzdem gelang es Hansl, den Apparat aus der Tasche zu ziehen, die Entfernung und die Blende einzustellen . . .
Als er so weit war, legten Schwanda und ich uns grimmige Nordwandgesichter zurecht und sahen ganz zwanglos und zu allem entschlossen nach oben (Kletterpose Nr. 1). Wir warteten gespannt auf das Klick der Kamera und auf den Augenblick, in dem wir wieder normale Gesichter machen konnten. Doch die Kamera machte nicht klick. Eine Wolke hatte sich vor die Sonne geschoben. Ätsch!!!
Ohne Sonne war dieses Bild nicht zu machen. Der fachmännische Hinweis, daß unsere hellen Köpfe die fehlende Sonne bestimmt ersetzen würden, bezeichnete Hansl als blöden Witz. Er wartete auf die Sonne. Also warteten auch wir. Nur daß diesmal wir diejenigen waren, die auf zwei Füßen standen . . . „Photographiere – und du hast mehr vom Leben!“ meinte ich tröstend. Aber auch diesen gutgemeinten Zuspruch empfand der Angeredete als blöden Witz. Er wartete auf die Sonne. Doch die ließ sich Zeit. Stand sie doch nicht auf einem winzigen Felszacken, sondern auf dem höchsten Punkt ihrer Bahn. Die lächerliche Wolke konnte höchstens ein paar Erdenwürmer zur Verzweiflung bringen, und Hansl und Scarpietti auf ihrem Mausestandplatz waren wirklich verzweifelt!

„Ich pfeife auf das Photo! Gehen wir weiter!“ fauchte Scarpietti. Wie er so unter Hansl kauerte und mit verzerrtem Gesicht auf Hansl einredete, war er das Bild des bösen Versuchers Mephistopheles schlechthin . . .
„Hansl, bleibe hart!“ beschworen wir den Freund von unserem guten Standplatz aus mit Engelszungen. „Gleich kommt die Sonne wieder!“ Die Sonne? Es schien, als hätten sich um die Sonne sämtliche Wolken der Dolomiten ein Stelldichein gegeben. Nach zehn Minuten beteuerte Hansl endlich, daß er wohl ein Photograph, aber noch lange kein Fakir sei - und packte die Kamera wieder ein . . .
„Ich gebe das Photographieren auf!“ resignierte er. „Es ist immer wieder dieselbe Geschichte . . .“

*

Um unsere Bergphotos hat es immer schon Geschichten gegeben . . .
Bei den ersten Kletterbildern, die wir versuchten, waren wir noch der Ansicht gewesen, daß eine kühne Kletterstelle auch ein kühnes Kletterbild ergeben müsse. Doch hielten wir dann die Bilder in den Händen, sahen wir, daß wir nur einen kühnen Hosenboden oder ein paar kühne Kletterschuhsohlen photographiert hatten . . .
Kletterbilder wirken nur, wenn der Kletterer von der Seite aufgenommen wird - das war unsere neue Erkenntnis. Wir querten daraufhin um eines wirksamen Kletterbildes willen in den steilsten Fels. Oft war der dann so steil, daß wir zum Photographieren kaum noch einen Finger frei hatten. Ergebnis: Die Aufnahmen waren verwackelt, oder, was noch schlimmer war, selbst die steilste Wand war geneigt wie das Haupt eines Angestellten bei der Bitte um Gehaltserhöhung. Wir baten den Photographen, die Aufnahme nochmals zu

kopieren, und zwar so, daß die Wand wieder steil würde. Neues Ergebnis: Die Wand war steil – aber jetzt neigten sich wieder Wolken und Bäume des Hintergrundes ergeben vor der Macht des Schicksals, und alles außer der Wand war schief und schrie laut und deutlich: hier wurde gemogelt!
Irgendwo schnappten wir dann den Satz auf: Ein Kletterbild muß auch Tiefe haben. Das gab vorerst einmal einen dummen Witz: in Zukunft machen wir unsere Kletterbilder unter der Erde – wegen der Tiefe! Dann aber begannen wir mit Tiefenwirkung zu photographieren. In Steigschlingen stehend, auf dem Bauche liegend. Ergebnis: Sieben von acht Bildern waren Großaufnahmen der ledernen Klappe der Phototasche, die bei den Tiefaufnahmen vor das Objektiv gebaumelt war . . .
„Das Wichtigste für ein gutes Bergbild sind Zeit und Ruhe!" dozierte unser Freund Hubert Peterka, als wir ihm unser Leid klagten. Da mußten wir nur grinsen. Es fiel uns nämlich Huberts Photo von der Peternschartenkopf-Nordwand ein . . .

*

Eines schönen Tages zog Hubert Peterka los, die Peternschartenkopf-Nordwand zu photographieren und zu durchsteigen.
Um 4 Uhr 40 wurden Hubert und sein Seilgefährte und Stativträger zum letztenmal im „Hotel Gesäuse" gehört. Nagelschuhgepolter . . . dann war weiter tiefe Nachtruhe im Hause. Eine Seilschaft, die Gstatterboden um 7 Uhr 30 verließ, sah Hubert und seinen Seilgefährten und Stativträger auf dem halben Zustieg zur Wand im Grase hocken. Ein Photoapparat war gegen die Peternschartenkopf-Nordwand gerichtet, und Hubert soll wie ein Irrer gemurmelt haben: „Wo bleiben nur die Wolken? Um diese Zeit sollten sie

schon längst da sein!“ Zuverlässige Augenzeugen, die um 10 Uhr 07 an dieser Stelle vorbeikamen, berichteten, daß Hubert wie ein in Afrika vergessener Löwe um den Photoapparat rannte, ab und zu seinen Kopf unter das darübergebreitete Tuch steckte und enttäuscht wie ein versetzter Liebhaber flüsterte: „Wo bleiben sie denn? Woch ich doch sooo auf sie warte! – die Wolken!“ Die Seilschaft, die Gstatterboden um 7 Uhr 30 verlassen hatte, erreichte um 12 Uhr 20 den Gipfel der Planspitze. Von dort aus konnte sie mit freiem Auge sehen, daß Hubert und sein Stativträger noch immer an derselben Stelle standen. Mit Recht fragten sich die Gipfelstürmer, was mit Hubert los sei.

Mit Hubert war gar nichts los. Hubert wollte nur von der Peternschartenkopfwand ein schönes Bild haben. Keines der üblichen Durchschnittsbilder, sondern ein Bild, das dieser königlichen Wand würdig war. Ein Nordwandbild! Zu einem Nordwandbild gehören aber Wolken! Zu einem Nordwandbild gehören Wolken wie zu einem Südwandbild der blaue Himmel. Schwere dunkle Wolken, die den düsteren Charakter einer Nordwand unterstreichen. Auf solche Wolken wartete Hubert. Denn: Das Wichtigste für ein gutes Bergbild sind Zeit und Ruhe . . .

Um 12 Uhr 30 schob sich durch den Gesäuseeingang eine düstere schwarze Wolkenbank näher. Um 12 Uhr 47 konnte Hubert, strahlend vor Glück, den Auslöser seines Apparates betätigen. Endlich, endlich! „Mit solchen Wolken hat noch keiner die Peternschartenkopfwand photographiert!“ triumphierte er. Dann hielt er seinem Seilgefährten und Stativträger einen Vortrag, welch ein Gottesgeschenk die Wolken für den ernsten Photographen bedeuten.

Erst die Arbeit, dann das Vergnügen – um 13 Uhr 24 stiegen die zwei in die Peternschartenkopfwand ein, und um 14 Uhr

brach das Unwetter los, das bis zum Morgen des nächsten Tages andauern sollte. Hagel und Schnee spieen die von Hubert so sehnlich erwarteten Wolken (ein Göttergeschenk hatte er sie genannt!). Hubert hätte jetzt nichts dagegen gehabt, wenn sich das düstere Nordwandpanorama in ein heiteres Südwandpanorama mit blauem Himmel verwandelt hätte. Seine Wolkenaufnahme hatte er ja im Trockenen. Nebstbei: sie war das einzig Trockene, das er noch hatte. Bis auf die Haut durchnäßt und mit klammen Fingern kämpfte sich der stolze frischgebackene Besitzer eines der düsteren Peternschartenkopf-Nordwand künstlerisch entsprechenden Photos über die vereisten Felsen höher. Daß die beiden an diesem Tag überhaupt noch den Gipfel erreichten, verdankten sie nur ihrem großen bergsteigerischen Können.
Die Geschichte mit den Wolken sprach sich in alpinen Kreisen rasch herum. Mit Recht wartete alles gespannt auf die so teuer erkaufte Wolkenaufnahme. Doch die ließ auf sich warten. Vorerst waren noch etliche Aufnahmen auf dem Film frei, dann war der Photograph überlastet und fand keine Zeit, die Bilder zu kopieren. Als der Photograph seine Arbeit getan hatte, fand Hubert keine Zeit, die Bilder abzuholen. Es vergingen Wochen und Monate. Kein Sterblicher wurde bis zum heutigen Tag des Genusses teil, das der königlichen Peternschartenkopfwand würdige Bild mit den Nordwandwolken zu schauen. Nur das Gerücht hielt sich hartnäckig aufrecht, daß ein Laie Huberts Bild leicht für eine verwackelte, ganz verschwommene Aufnahme der Oberfläche eines Sträußelkuchens halten könnte.
Daran mußten wir denken, als uns Hubert belehrte, daß für ein gutes Bergbild das Wichtigste Zeit und Ruhe seien. Es hat schon immer Geschichten um Bergphotos gegeben . . .

*

Trotzdem hat auch Hansl aus der Sorellewand noch einige Bilder mit heimgebracht: kühne Hosenböden und auch ein Quergangsbild, das so aussieht, als würde der Kletterer bei einem Trockenschwimmkurs für Fortgeschrittene auf dem Bauche liegen . . .

„Diese Wandstelle befindet sich vierhundert Meter hoch über dem Kar und ist senkrecht!" erklären wir jedem, dem wir das Bild zeigen. Und die gelernten Photobetrachter sagen sehr höflich „aha" oder „oho".

Trotzdem haben wir auch diese Bilder liebevoll in unser Photoalbum geklebt. Denn: Die Dinge haben nicht den Wert, den sie besitzen, sondern den, den wir ihnen beilegen . . .

Schlüsselstelle

Die schwerste Stelle einer Wand versetzt einen in jene einmalige Spannung, die ihren prägnantesten Ausdruck im Zirkus findet . . .
. . . wenn die Musik zum Spielen aufhört und nur eine Trommel rattert . . . taramtamtamtaramtamtam . . .
. . . und dann auch die Trommel verstummt und kein Laut mehr im Raum ist als ein leises „Allez-hopp" hoch oben in der Luft . . .
. . . und ein Salto die Luft zerschneidet und noch ein Salto und noch einer . . .
. . . nicht ein Spiel auf Leben und Tod, sondern ein Spiel um Wagen und Gelingen . . .
. . . bis ein Tusch wieder die Stille sprengt und das große Atemholen beginnt, weil das Wagnis gelungen ist . . .
Genau so ist es um die Schlüsselstelle in einer Wand. Genau so war es auch in der Sorellewand.
Schwanda stand an der Abbruchkante eines mächtigen Dachüberhanges bei zwei Mauerhaken, die nur wenige Zentimeter tief im Fels staken. Einige Meter rechts über diesem Standplatz setzt eine etwa fünf Meter hohe überhängende Wand an, die nach unten jäh ins Nichts abbricht.
An dieser Wand ist es unmöglich, einen Haken anzubrin-

gen. Diese Wand muß frei erklettert werden. Einige Tritte sind vorhanden, doch ist das Ganze mehr eine Fingerspitzenangelegenheit. Ich überlegte: Für fünf Meter wird das Fingerschmalz reichen, aber dort oben dann, wo der Überhang endet, dort oben muß etwas Solides zum Anhalten sein. Und etwas noch Solideres zum Stehen. Sonst . . .

Dreihundert Meter unter mir blinkte das Weiß des Sorapisgletschers. Acht Meter unter mir stand der Freund bei den zwei wackligen Mauerhaken. Wenn ich an dem Überhang flog, dann endete der Flug in der Luft. Etwa zehn Meter von der Wand weg. Vorausgesetzt, daß die zwei Haken hielten. Jedenfalls: fliegen durfte ich an dieser Stelle nicht!

„Kannst losgehen! Ich bin bereit!" sagte Schwanda. Er konnte leicht bereit sein, dachte ich. Ich war es jedenfalls noch nicht.

Etwa zehn Minuten lang stand ich an winzigen Tritten unter der Wand, vergeudete kostbare Fingerkraft - und fand nicht den Mut zur Tat. Woher in solchen Situationen der Mut kommt, wird mir immer unbegreiflich sein. Plötzlich war er da. Ich war ganz ruhig, als ich sagte, daß ich es nun packen wolle: Gelassen prüfte ich, ob sich die Seile gut nachziehen ließen, schob den Kletterhammer in der Hosentasche zurecht, schlenkerte noch schnell mit den Händen, um die Möglichkeit eines Fingerkrampfes auszuschalten. Und dann streckte sich der Körper . . .

Der Überhang am Trichterweg durch die Göll-Westwand

Wenn die Kletterer vom Trichterüberhang erzählen, dann vergessen sie nicht dabei zu erwähnen, daß an ihrem Tag der Überhang naß war. Der Überhang ist immer naß. Selbst nach den berühmten sieben mageren und dürren Jahren

Ägyptens wäre am Trichterüberhang noch immer ein munteres Bächlein zu finden gewesen. Die Nässe ist das Besondere des Trichterüberhanges. Darum haben die Kletterer auch immer das Gefühl, daß an ihrem Tag der Überhang besonders naß gewesen sei. Also: bei uns war der Trichterüberhang ebenfalls besonders naß!

Der Trichterüberhang besteht aus drei Klemmblöcken, die sich dem Kletterer als saftige Überhänge präsentieren. Der erste Klemmblock ist der saftigste . . .

Der erste Klemmblocküberhang besteht aus einer linken und einer rechten Schluchtwand und - nicht zu vergessen und nicht zu übersehen! - aus dem Klemmblock. Die linke Schluchtwand ist glatt und glitschig wie Seife. Die rechte Schluchtwand ist glitschig wie Marmelade und glatt. Der Klemmblock selbst ist glitschig wie Marmelade und glatt wie Seife. Mit den Füßen an der linken Schluchtwand, mit Kopf und Schultern an der rechten Schluchtwand - so stemmt sich der arme Kletterer höher . . . nur gehalten vom Gegendruck und von der Hoffnung, daß der Klemmblock oben so etwas Ähnliches wie einen Griff hat . . .

Diese Hoffnung ist falsch! Die Technik, mit der man dann trotzdem noch auf dem Klemmblock zu einer Bauchlandung kommt, steht in keinem Kletterlehrbüchel.

„Bua, jetzt gib acht!“ brüllte Schwanda, als er an dieser Stelle hing. Nun ist Schwanda mein alpiner Lehrmeister. Als sein dankbarer Schüler wollte ich etwas besonders Gutes tun. Ich gab Schwanda leichten Seilzug. Mit diesem Seilzug zog ich aber meinen verehrten Lehrmeister, just als er auf dem Klemmblock bauchgelandet war, liebevoll aus dem Stand (oder sagt man zu solcher Situation: aus dem Bauch!). Ein Wutschrei - und schon hing er zappelnd im Seil.

Dann folgten fünf Minuten Pause. Hansl photographierte Schwanda.
„Der Mann, der über diesen Bluatsüberhang fast - wie gesagt: fast! - hinaufgekommen wäre, gehört bildlich für die Nachwelt festgehalten!" sagte er.
„Red nicht so blödsinnig!" schimpfte Schwanda. „Ich werde jetzt einen Hechtsprung auf diesen komischen Überhang hinaufmachen!"
Hechtsprung? Ich hörte nur Hechtsprung und nahm sofort eiserne Sicherungsstellung ein. Denn ich hatte einen guten alpinen Lehrmeister gehabt. Dieser Lehrmeister hatte mir immer gepredigt, daß man beim Klettern nicht springen darf. Weil Sprünge beim Klettern nicht gut ausgehen!
„Eins, zwei, drei - hopp!" Schwanda war wild geworden. Ich brauchte aber ebenfalls nur bis drei zu zählen, und Schwanda war wieder zahm . . . im Seile hängend . . . zwei Meter von der Wand weg! Eisern gehalten von seinem Kletterschüler, der, wie gesagt, einen guten alpinen Lehrmeister gehabt hatte.
Es dauerte aber nicht lange, und ich konnte Schwanda auf dem Standplatz begrüßen.
„Wie hast du es jetzt gepackt?" wollte ich wissen.
„Mit Technik - so wie du!" antwortete er.
Ich sah hinunter über den Überhang. Weit wölbte sich unter ihm die Wand nach innen . . .
„Mit Technik - so wie es dein Schüler von dir gelernt hat!" sagte ich leise und dankbar.

Der Nasenquergang in der Totenkirchl-Westwand -

das ist ein Seilquergang, vielleicht der berühmteste Seilquergang in den Alpen. Ein Seilquergang ist so kompliziert, daß man ihn nicht erklären kann. Ein Seilquergang ist so kompliziert, daß man ihn fast nicht begreifen kann ... Wir haben daher schon Monate vor unserer Totenkirchlfahrt begonnen, den Seilquergang, so wie er im Kletterbüchel beschrieben stand (die Anleitung zum Basteln einer Atombombe für den Hausgebrauch dürfte wesentlich einfacher sein!), in unserer Kletterschule praktisch zu erproben. Wir haben Quergangshaken geschlagen und Sicherungshaken, und wir haben das Quergangsseil eingehängt und das Sicherungsseil ..., und sehr oft haben wir das Sicherungsseil mit dem Quergangsseil verwechselt, denn, wie gesagt, ein Seilquergang ist so kompliziert, daß man ihn fast nicht begreifen kann ...

Einmal hatte ich mich dabei in den Seilen derart verwickelt, daß ich wie ein gordischer Knoten an dem Fels pickte. Die Seile umschlangen wie tausendjähriger Efeu Arme und Beine. Zwischen den Zähnen hatte ich Seil und unter der Achsel, fast schien es, als würde mir ein Seil bei einem Ohr hinein und beim andern wieder hinauslaufen ... Seilquergang ... Seilsalat ... In diesen verwickelten Augenblicken erschienen drei Mädchen am Fuße der Kletterschulwand. Hübsche Mädchen, kichernde Mädchen. Sofort zupfte sich der Freund, der bis dahin eisern das Sicherungsseil gehalten hatte, das Halstuch zurecht. Ich konnte nichts zurechtzupfen, weil sich mein Halstuch ebenfalls in den Seilen verwickelt hatte ...

„Bittschön, was macht der Herr da oben?" fragte eines der Mädchen den Freund.

„Einen Seilquergang!" antwortete er. Die Mädchen bogen sich vor Lachen, als hätte er ihnen einen flotten Witz erzählt.

„Da gibt es nichts zu lachen!" sagte der Freund und machte ein grimmiges Nordwandgesicht.

„Wir lachen nur . . . weil . . . weil der Herr dabei so komisch aussieht!“ stieß eines der Mädchen, noch immer heftig kichernd, hervor.
Dieses Kichern lähmte für eine Sekunde die Nordwandkraft in den Armen meines Freundes. Aber diese eine Sekunde genügte: das Sicherungsseil gab nach, der komische Herr verlor den Halt, und schon plumpste er einen Meter tiefer und hing dann in den Seilen und in der Luft. Wirklich ein komischer Herr . . .
Für diesen Tag gaben wir das Seilquergangstraining auf. Wir erzählten lieber den drei Mädchen von wilden alpinen Abenteuern, von so haarsträubenden Abenteuern, daß ihnen das Kichern verging. Ergebnis: Jede der drei erklärte, die Bergsteigerei sei nichts für sie. Schade, haben wir gesagt, denn die drei Mädchen waren wirklich hübsch. Aber das Ansehen des Alpinismus war wiederhergestellt!
Dann kam endlich der Tag, an dem wir am Nasenquergang der Totenkirchl-Westwand standen. Als ich das Quergangsseil in den Quergangshaken einhängte, war mir so zumute wie in der Schule vor einer Prüfung, für die ich wohl meine Lektion brav gelernt hatte und doch einen Durchfall mit Bomben und Granaten von der schwarzen Tafel ablas. Das Wort Durchfall . . . fall . . . fall hatte in meiner Situation eine besonders hinterhältige Bedeutung.
Langsam schob ich mich vom Standplatz hinaus in die glatte Plattenwand. Zehn Meter links von mir ragte die Felsnase, die dem Quergang den Namen gegeben hatte, stolz hinaus in die Luft. Ich wußte nur, daß es erst über dieser Felsnase wieder etwas zum Stehen gab. Und ich wußte, daß auf diesen zehn Metern Gleichgewichtsverteilung, Körperbeherrschung und Ruhe und nochmals Ruhe Trumpf waren . . .
Ruhe . . . Ruhe! Dreihundert Meter über dem Kar an einer

spiegelglatten Platte klebend! Ich war ganz ruhig, als ich mich, im Quergangsseil hängend, immer weiter in die Plattenwand hinausschob. Jede meiner Bewegungen war ruhig. Mit ruhiger Stimme befahl ich dem Freund, das Sicherungsseil nachzugeben, das Sicherungsseil wieder zu spannen. Und mit ruhigen Augen sah ich voll Freude, daß ich der Nase immer näher kam . . . bis ich dann mit sicherem Schwung den entscheidenden Griff unter der Nase erhaschen konnte.

„Na, was sagst du jetzt?“ rief ich hinüber zum Freund, in Erwartung, ein überschwengliches Lob für meine Seilquergangskünste kassieren zu können.

Doch was sagte der Freund? „So hättest du den Seilquergang damals in der Kletterschule machen müssen!“ sagte er. In der Kletterschule? Ich hörte es kichern und sah bunte Röcke flattern . . .

„Welche war es denn?“ fragte ich, mit einem Male die amourösen Zusammenhänge begeifend . . .

Die große Schwarze war es gewesen, die der Freund nicht vergessen konnte. Die große Schwarze mit dem schwarzen Pullover und mit dem roten Rock, das Mädchen, das am hellsten gelacht hatte, als mein Seilquergang so kläglich geendet hatte . . .

Während meine Hände das Quergangsseil in den Karabiner preßten, suchte ich krampfhaft nach einem Trost für das liebeswunde Herz des Freundes . . . „Alter Spezi, wenn wir wieder in der Kletterschule sind, lege ich einen Seilquergang hin, daß der Schwarzen das Lachen vergehen wird!“ versprach ich in Geberlaune.

Ich kam aber nicht dazu, diesen Renommier-Seilquergang hinzulegen. Die drei Mädchen sind nie wieder in der Kletterschule erschienen. Die wilden Erzählungen, mit denen wir das Ansehen des Alpinismus wiederhergestellt hatten, waren nicht ohne Wirkung auf die drei zarten Geschöpfe geblieben.

Damals waren wir siebzehn Jahre alt!

Links oder rechts?

Wir standen auf einem kleinen Felsbalkon und schauten nach oben. Wir fragten uns nach dem Weiterweg. Links oder rechts? Die Routenbeschreibung sagte rechts. Die Routenbeschreibung ist in solchen Augenblicken wie ein Kamerad, der uns bei der Hand nimmt und leitet. Die Erstbesteiger mußten den Weg durch die Wand erst suchen. Links oder rechts? Sie mußten links und rechts nach dem Weg suchen. Dann haben sie die Routenbeschreibung verfaßt – für alle, die nach ihnen kommen werden . . .

Es ist nicht leicht, eine Routenbeschreibung zu verfassen. Es ist auch nicht leicht, eine Routenbeschreibung zu lesen. Eine Routenbeschreibung ist wie eine mathematische oder chemische Formel. Auf die richtige Lesung und Lösung kommt es an . . .

Wenn die Verfasser einer Routenbeschreibung lakonisch schreiben, daß es „nun gerade aufwärts und dann nach rechts“ gehe, dann fragen sich die armen Nachfolger verzweifelt, wo dieses „und dann“ sein könne. Hier? Oder eine Seillänge höher? Oder ist man an dem „und dann“ schon vorbei? Das Orakel von Delphi! Das Entscheidende an den Orakelsprüchen war immer ihre Auslegung! Eine falsche

Auslegung der Routenbeschreibung, und der Verhauer ist geschehen ...

Verhauer – so nennen die Bergsteiger einen Weg, von dem sie glauben, daß es ein Weg ist, und der dann in Wirklichkeit gar kein Weg ist, sondern – eben ein Verhauer! Ein Verhauer ist also ein Irrtum oder ein Mißverständnis, und weil die Menschen einen Irrtum nicht gerne eingestehen, so hat man für den Verhauer besser klingende Namen gefunden wie Variante, Abschneider, Wegverbesserung ... Namen, die nach sinnvoller Planung klingen und das Peinliche eines Verhauers mit einem rosaroten Mäntelchen umhüllen. Schuld an so einem Verhauer trägt natürlich immer die Routenbeschreibung ...

Da hingen einmal zwei zünftige Bergsteiger in einer zünftigen Wand. Namen tun nichts zur Sache und ändern sie auch nicht mehr.

Sagte der eine zum anderen: „Alter Spezi, lies mir einmal rasch die Routenbeschreibung vor!"

„Bitteschön, bittegleich, die Routenbeschreibung: Nun über steilen Fels empor zu einem dreißig Meter hohen Riß ..."

„Der Riß ist da, und wir sind auch da. Also müssen wir den Riß hinauf!"

Schrie der andere zu dem einen hinauf: „Halt! Ich bin ja noch nicht fertig mit dem Vorlesen ..."

„Wir sind nicht zum Lesen in diese Wand eingestiegen, sondern um zu klettern. Grau, teurer Freund, ist alle Theorie, und grün des Lebens goldener Baum!"

„Wenn dieser Riß des Lebens goldener Baum sein soll, dann stößt's mir jetzt schon vom Sterben auf ..."

Trotzdem stieg der eine Bergsteiger in den Riß. Er spreizte und stemmte, keuchte und spuckte und pflasterte gut ein Dutzend Haken in den Fels. Dann mußte der andere nach-

kommen. Auch der spreizte und stemmte, keuchte und spuckte und mußte das Dutzend Haken wieder aus dem Fels herausklopfen. Fast zwei Stunden kostete unseren Kletterern dieser Riß. Dann standen sie auf einem winzigen Felsvorsprung, und rund um sie war alles glatt, glatt wie ein Spiegel.
Sagte der eine zum anderen: „Alter Spezi, lies mir einmal rasch die Routenbeschreibung vor!"
„Bitteschön, bittegleich, die Routenbeschreibung: Nun über steilen Fels empor zu einem dreißig Meter hohen Riß . . ."
„Den können wir schon von der Speisekarte streichen. Mein Appetit auf Dreißigmeterrisse ist mir für heute schon vergangen!"
Schrie der andere zu dem einen: „Halt! Ich bin ja noch nicht fertig mit dem Vorlesen . . . zu einem dreißig Meter hohen Riß, den man jedoch nicht betritt, sondern links von ihm über eine Ecke in leichteres Gelände hochsteigt!"
Da ist es dann sehr still geworden auf dem winzigen Felsvorsprung, und die zwei Bergsteiger haben recht dumme Gesichter gemacht . . .
Fragte der eine den anderen: „Den man nicht betritt?"
Antwortete der andere dem einen: „Den man nicht betritt! Wir haben den Riß betreten! Wir schon!"
„Ja, Sakrahaxen, da hätten wir diesen greislichen Bluatsriß gar nicht machen müssen! Warum steht denn das nicht in der Routenbeschreibung?"
„Es steht sowieso drin. Aber du hast mich nicht weiterlesen lassen, weil eine Wand keine Lesehalle ist!"
„Jetzt müssen wir über den Bluatsriß wieder hinunter . . . aber, Sakrahaxen, eine ordentliche Routenbeschreibung muß doch so verfaßt sein, daß sie auch der dümmste Hammel verstehen kann."

Wie gesagt: Schuld an einem Verhauer trägt immer die Routenbeschreibung. Darum ist die Herausgabe eines alpinen Führerwerkes eine heikle und undankbare Arbeit. Einmal habe ich auch schon an einem solchen Führer mitgearbeitet . . .

Das war damals, als Freund Hubert Peterka beauftragt wurde, die Neuauflage des „Peilstein-Kletterführers“ zu besorgen. Auf dem Peilstein gibt es an die dreihundert Kletterrouten. Als sich Hubert darübermachte, diese dreihundert Routenbeschreibungen zu verfassen, wußte er, daß er damit in Hinkunft der Sündenbock für alle Verhauer auf dem Peilstein sein würde.

Als Hubert die dreihundert Routenbeschreibungen verfaßt hatte, beorderte er die Bergsteigergruppe unseres Vereins auf den Peilstein. Dort hielt er uns eine gehaltvolle Ansprache, die mit einer Betrachtung über die Unzulänglichkeit menschlichen Tuns begann und mit der Aufforderung endete, daß nun die dreihundert Routenbeschreibungen genau mit dem Original zu vergleichen wären . . .

An diesem Tag sah man in den Peilsteinwänden überall lesende und schreibende Gestalten. Was sie schrieben, wurde von Hubert gewissenhaft registriert. Hubert hatte sich am Fuß der Wände unter einem Überhang eine Art Peilsteinführer-Büro eingerichtet. Mit Steinen und Mauerhaken beschwert, lagen da die Manuskriptblätter nach Wandzonen geordnet. Wenn eine Seilschaft meldete, daß die „Käsplatte“ oder der „Vegetariersteig“ in Ordnung seien, bekam die „Käsplatte“ oder der „Vegetariersteig“ ein rotes Hakerl und die Seilschaft ein neues Manuskriptblatt. Hubert hatte taube Ohren, wenn ihm jemand etwas von dem herrlichen Sonnentag vorschwärmte. Hubert blieb teilnahmslos, wenn ihm einer erzählte, daß er beim Ausstieg vom Zinnenschartlweg bald geflogen wäre. Hubert interessierte es nur, ob er ein rotes Hakerl machen durfte oder nicht. Man sieht, Büroluft kann auch unter einem Überhang wehen . . .

Auf einem der Wege, die wir zu kontrollieren hatten, holten wir einen Knaben und ein Mädchen ein. Das Mädchen tat sich sehr hart beim Klettern. Es wurde von dem Knaben Schatzi gerufen . . . es war aber schon ein ausgewachsener Schatz von gut achtzig Kilo, der da gehoben wurde. Schatzi war diesen Steig nur mitgegangen, weil der Schatzgräber ihr versichert hatte, daß es sich um eine leichte Damentour handelte.

Als ich auf dem Standplatz begann, einige Korrekturen in die Routenbeschreibung zu setzen, fragte mich Schatzi, an wen ich da einen Liebesbrief schreibe. Kaum hatte sie das Wort „Peilstein-Kletterführer“ gehört, legte sie los: „Dann schreiben Sie nur gleich hinein in den Peilstein-Führer, daß dieser Steig keine Damentour ist und daß jeder Mann bestraft gehört . . . los, schreiben Sie es nur hinein! . . . bestraft gehört, der eine Dame mit einem Pavian verwechselt und sie auf eine solche Wahnsinnstour mitnimmt!“

Dann kam Schatzi zur Schlüsselstelle. Ein Kamin wird enger, noch enger, schließt sich – man muß nach rechts in die Wand . . .

Als der Kamin enger wurde, diktierte Schatzi: „Schreiben Sie das nur hinein in Ihren Peilstein-Führer . . . daß das ein Kamin ist, in dem ein anständiges Mädchen nichts, aber auch schon gar nichts zu suchen hat!“

Als der Kamin noch enger wurde, hätte ich schreiben sollen, daß Herr XY (das war der Knabe an dem einen Ende des Seils) von Gott und allen guten Geistern verlassen sein muß, weil er so ein schwaches Weib (das waren die gut achtzig

Kilo am anderen Ende des Seils) in diesen Kamin geführt hatte . . .
Als Schatzi dort war, wo der Kamin sich schließt, wollte sie in dem neuen Peilstein-Führer die Frage aufgenommen haben, ob solche Menschen überhaupt noch normal seien, die so eine Schinderei zu ihrem Vergnügen unternehmen . . .
Dann kam die Querung nach rechts in die Wand. Natürlich ist Schatzi dabei ins Seil gependelt, und der Schatzheber hat seinen Schatz gehoben und gezogen, daß das Seil nur so rauchte. Als Schatzi oben war und wieder genügend Luft gesammelt hatte, ging es wieder los: „Also, das können Sie in Großbuchstaben in Ihren Peilstein-Führer schreiben: über so einen Weg bringen mich keine zehn Rösser mehr hinauf, keine zehn Rösser . . . schreiben Sie das!“ Ihr Blick versprach mich zu rädern und zu vierteilen, wenn ich's nicht in Großbuchstaben schriebe . . .
Wir haben an diesem Sonntag den Peilstein-Führer bearbeitet, bis unsere Fingerspitzen wund und weh waren. Nach zwei weiteren solchen Sonntagen hatte dann endlich jedes Manuskriptblatt sein rotes Hakerl. Das freute uns sehr. Jetzt konnten wir wieder klettern, ohne darauf achten zu müssen, ob der Riß, in dem es einem ohnehin schon den letzten Saft aus den Poren preßte, vierzehn oder fünfzehn Meter hoch war. Aber wir freuten uns zu früh. Hubert hatte sein Manuskript noch nicht abgeschlossen!
Wieder hielt Hubert eine gehaltvolle Ansprache. Sie begann mit einer Betrachtung über die rasche Vergänglichkeit menschlichen Schaffens und endete mit der Aufforderung: „Burschen, jetzt wird am Peilstein noch alles gemacht, was noch nicht gemacht ist!“ Hubert wollte es vermeiden, daß man seinen Peilstein-Kletterführer schon drei Wochen nach Erscheinen als veraltet schimpfen konnte, nur weil so ein

verspäteter Alpenpionier noch einige unbegangene Quadratmeter Fels entdeckt hatte und den Triumph seiner funkelnagelneuen Erstbegehung laut in die Welt hinausschrie.
Hubert setzte uns wie Blutegel an die Felsen. Da, verbeiß dich! Und wir verbissen uns. Lautes Hämmern klang aus den Peilsteinwänden, es gab Seilzüge und Seilquergänge, Holzkeile wurden in große Löcher gepfropft und mit winzigen Spezialhaken die feinsten Risse überlistet. Schließlich war der Peilstein-Kletterführer auf den Stand von morgen, übermorgen und alle Zeiten gebracht!
So glaubten wir! Doch wir hatten die Rechnung ohne den Herrn Reif gemacht! Herr Reif ist ein Kletterer der alten Wiener Schule, schon über fünfundsechzig Jahre alt und daher Pensionist. Pensionisten haben viel, viel Zeit. Der Pensionist Reif verbringt diese viele Zeit meist am Peilstein. Dort sucht er dann (unseren neuesten Peilstein-Führer aller Zeiten in den Händen!) jungfräulichen Fels: Risse, die noch keines Menschen Fuß betreten hat, Überhänge, die noch nie von menschlichem Angstschweiß benetzt wurden. Und hat er sie gefunden, klettert der alte Herr wie ein Eichkatzl über diese Risse und Überhänge hinauf.
Dieser fünfundsechzigjährige Pensionist ist heute noch flink und geschmeidig wie ein fünfzehnjähriger Lehrling. Weil Pensionisten viel Zeit haben, markiert der Herr Reif noch gewissenhaft alle seine Erstbegehungen . . . ein Netz von roten, blauen, grünen und gelben Reif-Nachlesewegen durchzieht heute bereits die Peilsteinwände. Bis jetzt sind es an die dreißig! Er verspricht uns aber, noch weitere zwanzig zu liefern, damit eine runde Zahl von Reif-Erstbegehungen voll wird!
Wie recht hatte Hubert, von der Unzulänglichkeit und raschen Vergänglichkeit menschlichen Schaffens zu reden, als

wir darangingen, den neuesten Peilstein-Kletterführer für alle Zeiten zu schaffen!

*

Die Beschreibung des Comiciweges durch die Sorellewand hatten wir aus dem italienischen Dolomitenführer ins Deutsche übersetzt. Die Übersetzungen hatten wir mit der Schreibmaschine auf ein Blatt Papier getippt. Fast zwei Seiten waren es geworden . . .

Als ich diese zwei Seiten am Fuße der Wand griffbereit in die Anorakbrusttasche gesteckt hatte, war die Wand dunkel und hoch über uns gestanden. Im Mittelteil der Wand hatten die Freunde ungeduldig darauf gewartet, daß ich endlich umblättere. Jetzt war es schon licht über uns. Wir befanden uns bereits im letzten Absatz der Routenbeschreibung.

„Wieviel haben wir noch zu klettern?" fragte Schwanda.

„Fünf Zeilen – und wir sind in leichterem Gelände. Dann sind es nur noch drei Zeilen bis zum Gipfel."

Schwanda brummte befriedigt wie ein Kater, der das Miau der Katzenfrau hört. Wenn man fast zwei Maschinenseiten (ganz eng getippt!) geklettert ist, dann sind acht Zeilen wirklich nur mehr ein Katzensprung . . .

Ich aber freute mich schon auf den feierlichen Augenblick, in dem ich die Routenbeschreibung beim Gipfelsteinmann zerreißen und die Papierschnitzel in den Wind streuen konnte . . .

Ein schöner Tag am Biancograt

Ist das nicht der auf die Erde versetzte Bergsteigerhimmel? Man kann sich den Montblanc im Schneesturm erkämpfen und den Weg aufs Matterhorn im Nebel suchen – zum Biancograt braucht man blauen Himmel und viel Sonne, in der die Eiskristalle aufglitzern, vor allem viel Sonne. Darum haben wir mit dem Biancograt so lange zugewartet, bis endlich ein wunderschöner kalter Abend einen folgenden schönen Tag versprach. Was zur Folge hatte, daß uns alpine Genießer der Hüttenwirt der Tschiervahütte mit der gleichen Hochachtung behandelte wie der Ober in einem Luxusrestaurant einen Feinschmecker.

„Morgen früh wecke ich Sie also um zwei Uhr!“ teilte uns der Tschierva-Hüttenwirt mit der gleichen Begeisterung mit, mit der ein solcher Ober einem Feinschmecker mitteilt, daß diesmal eine Haifischflossensuppe auf der Speisekarte stünde.

Als wir um drei Uhr früh vor die Hütte traten, war es noch stockfinster. Das einzige, was wir in dieser Finsternis ausnehmen konnten, war, daß noch weitere zwei Dutzend Biancograt-Anwärter marschfertig vor der Hütte standen. Dann begann das große Stolpern durch die Moränenblöcke entlang des Tschiervagletschers. Ich war schon immer der

Meinung, daß die Bergsteigerhölle aus einer riesigen Moräne, auf der es immer Nacht ist, bestehen müsse. Diese Meinung bestätigte mir die Moräne des Tschiervagletschers aufs neue. Wir traten uns manchmal gegenseitig auf die Finger, manchmal gegen die Schienbeine, und sehr oft traten wir auch daneben.

Sehr oft verloren wir auch den Weg . . .

Stimme von oben: „Hallo, ist bei euch unten der Weg?"

Stimme von unten: „Hallo, ist bei euch oben der Weg?"

Stimme von links: „Hier ist ein Steinmann!"

Stimme von rechts: „Hier ist auch ein Steinmann!"

Stimme von links: „Unser Steinmann ist gut vierzig Zentimeter hoch!"

Stimme von rechts: „Unser Steinmann ist jedenfalls ein echter Steinmann!"

Worauf sich dann zahlreiche Lichtlein in Richtung des echten Steinmannes in Bewegung setzten so wie Irrlichter nach der Paradiesespforte.

In dieser ägyptischen Finsternis besprach ich lange mit meinem hinter mir gehenden Freund, was wir alles machen würden, wenn wir den Biancograt gemacht hätten. Der Freund war ganz meiner Meinung. Erst als ich ihm dann bei einer kleinen Verschnaufpause ins Gesicht leuchtete, entdeckte ich, daß es gar nicht mein Freund war, sondern ein Versprengter einer anderen Seilschaft!

Um sechs Uhr früh standen wir dann auf Fuorcla Prevelusa. Hier beginnt der felsige Teil des Biancogrates. Wir standen an einer schmalen Schneide zwischen zwei Abgründen. Es war nun doch endlich Tag geworden, und dieser Tag sollte uns hinaufführen bis fast in den Himmel . . . über die schmale Schneide, die vor uns lag!

Fritzerl und ich seilten uns zusammen. Dann begann ich die

gut gestuften Felsen zu erklettern. Immer höher kamen wir. Und immer strahlender wurde der Tag. Am Beginn des Biancofirnes legten wir die Steigeisen an und schoben die Schneebrillen vor die Augen . . .
„Wart noch ein bisserl!“ bat Fritzerl. „Ich mache noch eine Aufnahme von dir!“
Auf dieser Fotografie schaue ich aus wie ein verwegener Räuberhauptmann. Aber als sie geschossen wurde, war ich in Wirklichkeit der sanftmütigste Mensch dieser Erde. Was hätte selbst den wildesten Räuberhauptmann noch zum Rauben verlocken können, wenn ohnedies schon alle Schönheit und alle Schätze dieser Welt vor ihm ausgebreitet lagen?
Wir hatten auf dem Biancofirn ideale Verhältnisse. Auf dem Eis lag eine fünf Zentimeter dicke Firnschicht und in diesem Firn griffen unsere Steigeisen prächtig. Wir stiegen den Grat hinan: einer hinter dem andern und voll Vertrauen zueinander. Trotz der begeisterten Schilderungen, die immer wieder über den Biancograt abgegeben werden, kann es auf diesem Grat leicht zu einer Katastrophe kommen, wenn einer der Seilschaftspartner ins Gleiten kommt. Der Biancograt sieht nur vom Tal her gesehen sehr flach aus, in Wirklichkeit ist er stellenweise sogar recht steil.
Auf dem felsigen Gratteil vom Piz Bianco zum Piz Bernina waren die Verhältnisse weniger ideal: Neuschnee und Eis lagen auf den Felsen!
„Der Schnee und das Eis wären nicht so schlimm, wenn darunter nicht der Fels wäre!“ meinte einer von der uns nachfolgenden Schweizer Seilschaft zu seinem Kameraden.
„Die Felsen wären nicht so schlimm, wenn nicht darauf das Eis und der Schnee lägen!“ meinte ich zu Fritzerl.
Die Schweizer haben die Eisberge vor ihrer Haustüre – dar-

um waren sie mehr für das Eis. Bei uns zu Hause gibt es nur Felsberge – darum waren wir mehr für den Fels. Wir waren auch auf der wahrscheinlich schönsten Eistour der Alpen mehr für den Fels. Denn: Bergheimat ist mehr als nur ein Wort, das gerne von sentimentalen Bergsteigern verwendet wird!
Um zehn Uhr vormittags standen wir auf dem Gipfel des Piz Bernina. Es war ein schöner Tag. Sogar ein wunderschöner Tag! Im Westen ragten die Gipfel frei in den blauen Himmel, im Süden deckte die Täler ein brodelndes Wolkenmeer. Um diese frühe Zeit und bei diesem guten Wetter konnten wir uns ruhig eine richtige Gipfelstunde leisten. Wir machten es uns bequem. Wir legten Seil und Anorak ab.
Und dann, dann taten wir nichts anderes als schauen ...
Wir schauten hinüber zum Spallagrat, unserem Abstiegsweg. Wir freuten uns schon auf diese schmale Firnschneide. Dieser Tag schien nur Freude für uns bereit zu haben, dieser wunderschöne Tag ...
„Um Gottes willen! Dort stürzen zwei ab!" schrie da plötzlich Fritzerl. Und wir mußten folgendes mitansehen: Zwei an einem Seil stürzten in die Tiefe, sie stürzten über Fels und Eis, sie überschlugen sich, und sie schlugen auf und fielen weiter, immer weiter, immer tiefer ...
Ich preßte meine Fäuste zusammen, als hielte ich ein Seil, das diesen Sturz aufhalten konnte. Aber es gab kein Seil, das diesen Sturz aufgehalten hätte. Dieser Sturz endete erst am Fuße der etwa dreihundert Meter hohen Wand. Am Fuße der Wand blieben dann zwei unbewegliche Punkte liegen. Dies alles hatte sich für uns in völliger Stille abgespielt. Ober uns stand noch immer eine strahlende Sonne in einem blauen Himmel – so, als ob nichts Weltbewegendes geschehen wäre!

„Auf! Steigeisen anschnallen!“ brüllte ich Fritzerl an. Unnötigerweise! Denn Fritzerl nestelte ohnedies bereits an den Steigeisen herum. Innerhalb einer Minute waren wir für den Abstieg fertig.
Den Spallagrat hatten wir genüßlich hinunterbummeln wollen. Jetzt stiegen wir den Spallagrat so vorsichtig ab, als wäre er die Eiger-Nordwand. Trotzdem hatten wir ein Tempo, als stünde hinter uns einer mit einer Stoppuhr . . . hinunter, nur hinunter zu den zwei unbeweglichen Punkten!
Diesen Sturz hatten auch vier Grazer Bergsteiger auf dem unteren Teil des Spallagrates mitangesehen und den zwei Abgestürzten ersten Beistand geleistet.
Dann waren sie sofort zur Marco-e-Rosa-Hütte gelaufen, um Hilfe zu holen.
Wir fanden die zwei Verunglückten still nebeneinander im Schnee hocken.
Es waren zwei Holländer. Sie waren frühmorgens von der Bovalhütte aufgebrochen und wollten den Piz Bernina über den Spallagrat ersteigen. Dann war der erste gestürzt, und der zweite hatte diesen Sturz nicht halten können. Wir hatten uns beim Abstieg die Absturzstelle genau angesehen: es war eine steile Felsplatte, auf der tückischer Neuschnee lag. Nun hockten vor uns im Schnee zwei Menschen, die einen Dreihundert-Meter-Sturz lebend überstanden hatten! Der eine der beiden war überhaupt unverletzt, der andere hatte eine gebrochene Schulter und eine Gehirnerschütterung. Wir gaben dem Verletzten schmerzstillende Tabletten und dem Unverletzten Traubenzucker. Weil der Verletzte trotz der sengenden Sonne über Kälte klagte, hängten wir ihm alle unsere warmen Sachen um. Das war alles, was wir für die zwei tun konnten.
Trotzdem hatten wir das Gefühl, daß wir von den beiden

sehr notwendig gebraucht wurden. Wir erzählten ihnen, daß nun alles gut sei und die Helfer mit dem Rettungsschlitten bald da sein müßten.
Sie erzählten uns von ihrem Sturz . . . daß sie während des Fallens wohl das Gefühl gehabt hätten, nun sterben zu müssen, daß sie aber dabei gar keine Angst, sondern nur ein großes Erstaunen verspürt hätten. Nur ein großes Staunen!
Die Helfer mit dem Rettungsschlitten kamen bald. Der italienische Hüttenwirt von der Marco-e-Rosa-Hütte umarmte uns so, als wären wir alle seine verlorenen Söhne, pries laut die Madonna und zückte dann sofort zur Feier dieses „miracolo" eine Schnapsflasche. Weil von uns keiner so recht an die Schnapsflasche wollte, mußte der arme Retter das „miracolo" allein mit einem ausgiebigen Schluck feiern. Dann begann er den Verletzten sachkundig auf dem Schlitten festzuschnallen. Dabei gebrauchte er wohl noch ein weiteres dutzendmal das Wort „miracolo".
Ein Wunder! Wir waren Zeugen eines Wunders gewesen. Die Lebensangst ist in unseren Tagen schon so groß geworden, daß wir Menschen kaum mehr an Wunder glauben. Filme, Bücher und Theaterstücke handeln davon, daß der Mensch ein armseliges Wesen in einer gnadenlosen, grausamen Welt sei. Und nun hatten wir es erlebt, daß zwei Menschen dreihundert Meter abgestürzt waren - und noch lebten! Es gibt nichts Schöneres auf dieser Welt, als zu leben!
Man bat uns, so rasch wie möglich zur Bovalhütte zu laufen und die Rettungsflugwacht in Samaden telefonisch zu verständigen. Unsere Freunde, die gerade über den Spallagrat herabkamen, übernahmen diesen Auftrag und liefen voraus. Als Fritzerl und ich die Moräne des Morteratschgletschers emporstiegen, flog bereits das grüne Rettungsflugzeug über uns hinweg.

Jetzt konnten wir uns beruhigt eine kleine Rast gönnen. Alles, was an diesem Tag zu tun war, hatten wir getan. Wir hatten eine Himmelsleiter erstiegen, und wir hatten zwei Menschen helfen dürfen. Wir hatten das Leben als eine traumhafte Verzückung genossen, und wir hatten erlebt, wie sehr der Mensch an den Fäden baumelt, die man Schicksal nennt. Wir hatten an diesem Tag zuviel erlebt, als daß wir, auf einem großen Moränenstein hockend, im Augenblick mit all diesen Gedanken fertig wurden. Wir wußten nur das eine: daß dieser Tag auf dem Biancograt trotz allem ein schöner Tag gewesen war.

Der Montblanc ist nicht nur der höchste Berg von Europa

Er, der Montblanc, ist auch Europas gewaltigster Gebirgsstock. Vor einigen Jahren hat man über diesen Gebirgsstock eine Seilbahn gelegt: von Chamonix, das rund tausend Meter hoch gelegen ist, hinauf auf die 3842 Meter hohe Aiguille du Midi, dann quer hinüber über das Montblanc-Plateau und auf der italienischen Seite wieder hinab nach Courmayeur. Man kann somit heute das Montblanc-Massiv auch schon in einer bequemen Seilbahn-Gondel überqueren.

Die alten Bergsteiger schütteln über diesen letzten Schrei der Technik traurig das Haupt. Sie bemitleiden die heutige Bergsteigergeneration, der damit der Montblanc gestohlen worden sei. Doch in Wirklichkeit gleicht diese neue Seilbahn nur einer Spinne, die über die Zehen eines Riesen krabbelt. Der alte Riese bleibt davon unberührt.

In der Talstation der Montblanc-Seilbahn herrscht immer lebhafter Betrieb: Amerikaner, denen die Fahrt mit „Europas höchster Seilbahn“ nicht viel mehr als nur die Programmnummer fünf ihres Europatrips bedeutet; Reisegesellschaften, die sich schnatternd um ihren Reiseleiter drängen und es von diesem auch noch zum hundertsten Male bestätigt haben wollen, daß das Drahtseil ganz bestimmt nicht reißen könne; buntbemalte und lackierte Damen, die sich so zärtlich an ihren Begleiter schmiegen, als ob ER es gewesen sei, der dem alten Montblanc die Seilbahnstützen aufgepfropft hätte. Dann gibt es da auch noch komische Bergsteiger, die sich nicht recht zum Kauf einer Fahrkarte entschließen können und immer wieder am Himmel nachsehen, ob das Wetter auch noch immer ein Wetter sei . . .

Wir waren in der Früh in Chamonix angekommen und hatten sofort nach unserer Ankunft begonnen, die Wetterlage zu studieren. Die Wetterstation Lyon meldete Wetterverschlechterung. Die Zeitungen schrieben von zunehmendem Hochdruck. Auch die Schwalben flogen in Schönwetterhöhen dahin. Dagegen hatte ein alter Bergführer uns lang und breit erzählt, daß es ihn sehr stark in den Schultern reiße – das sei immer ein schlechtes Zeichen. Ehrlich gesagt: einem soliden Rheumatismus brachten wir noch immer mehr Vertrauen entgegen als allen Wetterberichten dieser Erde.

Wir wußten nicht recht, was wir tun sollten. Was ein Wettersturz in Montblanc-Höhe bedeutet, war uns klar. Andererseits: unser Auftrieb war riesengroß. Zuviel Zögern mit dem Aufbruch hatte schon so manchen um den Montblanc-Gipfel gebracht. Gegen Mittag war dann das Wetter besser geworden. Das entschied. Doch die wirkliche Entscheidung war erst gefallen, als wir das Geld für fünf Fahrkarten an der Kasse der Montblanc-Seilbahn auf den Tisch gelegt hatten. Kaum war dies geschehen, tauchte hinter dem Gipfel des Brèvent das erste Zipferl einer schwarzen Wolke auf. Verfluchtnocheinmal . . .

Aber zum Fluchen war es jetzt zu spät. Die Tür der Gondel schnappte hinter uns zu, und schon begannen wir in die Höhe zu schweben, und je höher wir kamen, desto besser konnten wir das schwarze Wolkenzipferl hinter dem Brèvent überblicken. Nur, daß es jetzt kein Zipferl mehr war, sondern eine gut gebaute schwarze Unwetterwolke! Verfluchtnocheinmal!

Eine zierliche Französin in luftig-duftigem Sommerkleidchen und mit hohen Stöckelschuhen redete heftig auf ihren Begleiter ein. Ob sie dem Jüngling wohl Vorwürfe machte, weil es nun nichts mit einer Montblanc-Besteigung werden würde? „Die will bloß das arme Mannsbild dazu überreden, daß er sie heute abend zum Tanzen ausführt!" übersetzte uns der Ernst.

„Sag ihr, sie soll einmal versuchen, mich dazu zu überreden!" lachte der Hansl. Das war so ziemlich das letztemal an diesem Tag, daß jemand von uns lachte.

Als wir nämlich die Mittelstation der Montblanc-Seilbahn erreichten, war der Himmel ober Chamonix bereits schwarz, und als wir von der Mittelstation weiterfuhren, ging die Fahrt in ein brodelndes Wolkenmeer hinein. Ein heftiger Wind schaukelte unsere Gondel hin und her. Ab und zu schlug etwas dumpf gegen das Dach unserer Gondel – von der Wand losgelöste Eisbrocken. Instinktiv zogen wir schon jetzt in der Seilbahn die Köpfe ein.

Als wir die Seilbahnstation auf der Aiguille du Midi erreichten, schneite es. In dem in den Berg gesprengten Stollen gab es Bänke mit Elektroheizung. Auf so einer Bank begannen wir uns sturmdicht zu verpacken: Wollmütze, Schal, Fäustlinge, Schneebänder, Schneebrillen, Anorak. Auf der Nebenbank saß die luftig-duftige Französin . . .

„Am liebsten würde ich mir so eine geheizte Bank mitnehmen!" meinte der Hansl.

„Welche Bank? Vielleicht die mit der Französin?"

„Natürlich eine Bank ohne Französin!" wehrte der Hansl ab. Der Ernst des Bergsteigerlebens hatte begonnen.

Wir traten aus dem Stollen hinaus auf den mit einem Seilgeländer gesicherten Aussichtsplatz. Ein paar frierende Gestalten standen da und wollten anscheinend noch unbedingt den Montblanc sehen. Wir schritten an ihnen vorbei in den Nebel hinein. „Bonne chance!“ hörten wir noch jemanden sagen - aber sehen konnten wir ihn nicht mehr. Fünfzig Meter von der Seilbahnstation entfernt holten wir bereits Karte und Bussole aus dem Rucksack.

Unser Tagesziel war nicht weit: die etwa eine halbe Stunde von der Seilbahnstation entfernte Schutzhütte auf dem Col du Midi. Doch diese Schutzhütte gab es nur auf dem Papier unseres „Montblanc-Führers“ von Anno Sauerkraut! In Wirklichkeit gab es dort nur eine windschiefe Bretterbude ohne Fenster, in der meterhoch Schnee und Eis lag. Allerdings gab es auch noch eine solid gebaute Wetterstation auf dem Col du Midi. Aber in dieser zu übernachten war für Fremde streng verboten. Vorschrift! Wenn es auch diese Vorschrift nicht gäbe - so sagte uns der Wetterwart -, hätte uns diese Hütte trotzdem nichts genützt, denn am nächsten Tag würde das Wetter sowieso schlecht sein. Und noch dazu sei infolge der miserablen Schneeverhältnisse die Montblanc-Längsüberschreitung in diesem Sommer noch kein einziges Mal gemacht worden. Wir sollten schön brav mit der Seilbahn wieder hinab nach Chamonix fahren . . .

Wir wollten aber nicht brav sein! Wir wollten zwar nicht unüberlegt handeln - wir wollten aber doch unsere Chance haben!

„Sie haben keine Chance!“ warnte uns der Wetterwart.

Trotzdem! Wir wollten versuchen, uns die windschiefe Bretterbude für eine Nacht wohnlich herzurichten. Morgen würden wir dann weitersehen. Kopfschüttelnd entfernte sich der Mann.

Wir traten hinaus in das Schneetreiben. Jetzt lagen schon fünf Zentimeter Neuschnee. In den darunterliegenden batzweichen Altschnee brachen wir bis über die Knie ein. Da rief uns der Wetterwart zurück. Er hatte einen Stapel Decken unterm Arm. Diese Decken sollten wir in unsere Bretterbude mitnehmen. Auch diese Zeitungen würden wir zum Einheizen gut gebrauchen können . . . Da war es uns so, als hätten wir doch auf einmal ein Zipferl einer winzigen Chance zu fassen bekommen!

In der Bretterbude gab es Pritschen. Ernstl begann sofort den Schnee von ihnen abzuräumen (denn schließlich waren wir ja keine Eskimos, die ihre Häupter auf Kopfkissen aus Schnee zur Ruhe legen!). Auf dem Boden der Hütte lagen einige Betonklötze herum. Christian und Hansl machten sich ans Werk, mit diesen Betonklötzen die Fenster zu verrammeln (denn ein Haus, wo einem die Leute zum Fenster hereinschauen können, das ist kein Haus!). Fritzi traf gewaltige Kochvorbereitungen (denn eine Hausfrau bleibt auch in viertausend Meter Höhe noch immer eine Hausfrau!). Und ich machte Feuer in dem Ofen, der mit Eiszapfen behangen inmitten des Raumes stand . . .

Feuermachen ist meine starke Seite! Die lieben Freunde sagen allerdings, daß diese Kunst auch schon den Neandertalern geläufig gewesen sei und ich mir daher auf diese starke Seite nicht besonders viel einzubilden brauche. Aber wenn sie dann an einem knisternden Feuerchen hocken, freuen sie sich doch, daß es auch in unserer Zeit noch Neandertaler gibt und nicht nur Menschen, deren starke Seite bloß im Einschalten eines Fernsehapparates besteht.

Doch diesmal klappte es nicht so recht mit dem Feuer! Ich hatte geduldig schöne dünne Späne geschnitzt. Ich hatte die Zeitungen ganz locker in den Ofen gelegt und sogar noch kostbares Benzin aus unserem Kocher darübergeträufelt. Dann hatte ich mit einer hell lodernden Papierfackel das Ganze zum Brennen gebracht (denn das wichtigste beim Feuermachen ist eine große Hitze beim Anbrennen!). Doch kaum war dies geschehen, begann der Ofen zu qualmen wie der Schornstein einer Zigarrenfabrik.

Ausgerechnet zu dieser Zeit waren Hansl und Christian mit dem Verrammeln des Fensters fertig geworden. Es war jetzt stockfinster in dem Raum . . .

„Macht das Fenster auf!" keuchte ich, auf dem Boden liegend. Hansl riß einen der Betonklötze wieder von der Fensterverbauung weg. Der Klotz fiel ganz weich auf. Er war nämlich auf Fritzerls Zehen gefallen! Weniger weich fiel hingegen Ernst auf, den die Rauchschwaden hoch oben auf seiner Pritsche ereilt hatten, und der dann auf der Flucht vor dem Qualm die Pritsche herunterrumpelte. Panik! Wir flüchteten hinaus in den Schneesturm.

Doch so leicht gab ich mich nicht geschlagen. Schließlich war ja Feuermachen meine starke Seite. Ich band mir mein Halstuch vor Mund und Nase, setzte die Schneebrillen auf und kroch wieder zu meinem Ofen hin. Der Ofen war gut. Das Übel mußte in den Ofenrohren liegen.

Hansl und Christian erklärten sich sofort bereit, die Ofenrohre untersuchen zu wollen. Das war aber nicht so einfach. Denn das Dach der Hütte war abschüssig und eisüberzogen und gleich unter der Hütte begann der Abgrund. Hansl und Christian seilten sich daher an, erkletterten das Dach über die Westwand, dann sicherte der Hansl, auf dem Dachfirst hockend, eisern den Christian beim Ausputzen und Zurechtbiegen der Ofenrohre in eine günstige Windrichtung.

Plötzlich verlor Christian mit den Beinen den Halt. Er klammerte sich verzweifelt an das Ofenrohr. Aber das

Ofenrohr brach ab, und der Christian flog ins Seil. Das war ein komischer Anblick: der im Seil hängende Christian, der ein rußiges Ofenrohr fest umschlungen hielt wie eine Mutter ihr Baby!
Der Sturm trieb Christian aus dem Ofenrohr den ganzen Ruß ins Gesicht. Als Christian wieder am Boden gelandet war, sah er aus wie ein Rauchfangkehrer nach Betriebsschluß. Der Unterschied zwischen Christian und einem echten Rauchfangkehrer bestand nur darin, daß einem echten Rauchfangkehrer nach Betriebsschluß genügend warmes Wasser zur Verfügung steht!
Dann kam ich wieder dran. Von neuem versuchte ich meine Feuerkünste. Diesmal fing das Holz zu brennen an. Die Ofenrohre hatten jetzt die richtige Richtung. Aber da kam der Wind aus der falschen Richtung, und wieder trieb es mir die Rauchschwaden ins Gesicht . . .
„Verliere nicht den Mut, Karl!" tröstete mich der Ernst. „Der Rauch wird sich schon noch daran gewöhnen, durch die Ofenröhre abzuziehen!"
Nun: der Rauch gewöhnte sich nicht daran, durch die Ofenröhre abzuziehen. Aber wir gewöhnten uns schließlich an den Rauch! Nach zwei Stunden war es dann soweit, daß ein Topf lauwarmer Erbsensuppe vor uns stand. Im schwachen Licht einer Kerzenlaterne löffelten wir die Suppe. Sie schmeckte wie in Wasser aufgelöster Ruß und Rauch. Und draußen vor der Hütte tobte der Schneesturm . . .
„Wissen möcht ich, was jetzt meine Französin macht!" sagte der Hansl. Er sagte: meine Französin. Er hatte einen dicken Schal umgebunden, Ohrenschützer übergestülpt, Fäustlinge angezogen und er trampelte mit den Füßen, damit ihm nicht die Zehen erfroren – während seine Französin vielleicht eben jetzt auf hohen Stöckelschuhen einen soliden

Blues tanzte. Wir befanden uns nur eine halbe Gehstunde von einer Seilbahnstation entfernt - und waren doch in einer ganz anderen Welt!
Der Sturm hielt die ganze Nacht an. Der Sturm hatte auch noch nicht aufgehört, als der Tag bereits durch die Ritzen unserer Bretterbude schien. Bis zum Nasenspitzel zugedeckt, lagen wir in unseren Schlafsäcken und dachten nicht daran, aufzustehen. Bei diesem Sturm!
Christian war der erste, der aufstand. Ein Anfänger! Christian war wirklich ein Anfänger. Er war noch nie auf einem Viertausender gewesen, sein erster Viertausender sollte der Montblanc sein. Mit dem ganzen Übereifer eines Anfängers begann er unsere Beton-Fensterverbauung abzubauen. Wahrscheinlich wollte er sehen, wie ein echter Schneesturm im Original aussieht . . .
„Meine Herren, draußen vor der Hütte ist der herrlichste Tag!“ rief er plötzlich aus. Hehe! Dieser Anfänger glaubte wohl, daß die Herren noch auf solch einen uralten Witz ‘reinfielen! Nein, die Herren blieben behaglich in ihren Schlafsäcken liegen . . .
„Es ist aber wirklich sehr schön!“ rief Christian ganz verzweifelt.
Hehe! Wir beschlossen, noch eine Stunde sehr schön zu schlafen.
Christian räumte nun ächzend alle Betonklötze von dem Fenster weg, damit wir auch von unserer Pritsche aus den blauen Himmel sehen konnten. Und da sahen wir wirklich blauen Himmel. Echten blauen Himmel!
Blitzschnell sausten wir nun aus unseren Schlafsäcken. Tatsächlich - der Himmel war überall blau. Strahlend schien die Sonne. Ein Flimmern und Flirren lag über der Landschaft. Ein herrlicher Tag! Und wir geselchten Rindviecher

hatten diesen herrlichen Tag verschlafen! Denn jetzt war es sieben Uhr. Zu spät für eine Montblanc-Längsüberschreitung . . .
Nicht Christian hatte einen Witz mit uns gemacht, sondern der Sturm. Der hatte wild wie ein Schneesturm um unsere Hütte geblasen und in Wirklichkeit nur den Schnee fest zusammengepreßt. Ideale Verhältnisse für eine Montblanc-Längsüberschreitung.
Wir begannen wortlos unsere Rucksäcke zu packen. Der Benzinkocher begann zu schnurren. Steigeisengeklapper. Erst als wir marschfertig unter der Tür standen, fanden wir, daß es doch gut wäre, jetzt einige Worte zu sagen.
„Also, packen wir den Zapfen?"
„Packen wir den Zapfen!" So, als ob es die selbstverständlichste Sache der Welt wäre, zwischen sieben und acht Uhr früh auf eine Montblanc-Längsüberschreitung loszuziehen.
Die Montblanc-Längsüberschreitung beginnt mit der Ersteigung des Montblanc du Tacul über eine etwa sechshundert Meter hohe Eisflanke. Vom Montblanc du Tacul steigt man ab in ein Gletscherbecken, von dem aus wiederum eine etwa sechshundert Meter hohe Eisflanke auf den Mont Maudit zu ersteigen ist. Vom Mont Maudit muß man wiederum absteigen, und erst dann erfolgt der Anstieg auf den Montblanc-Gipfel. Die Hauptschwierigkeit der Montblanc-Längsüberschreitung ist die Länge.
Die kitzlichste Stelle war für uns die Überschreitung eines tiefen Bergschrundes über eine recht dünne Schneebrücke. Mit angehaltenem Atem und mit leisen Kribbelkrabbel-Gefühlen im Magen krochen wir auf dem Bauch über diese Brücke. Sooft ein ganz Schwerer heil über die Brücke gekommen war, sahen die Nachfolger ihre Chancen steigen. Als Vorletzter kam Christian an die Reihe. Eisern wurde er

von vorn und hinten gesichert. Als er mitten auf der leise knisternden Brücke lag, hörte er plötzlich zu kriechen auf.
„Was ist los?“ wollten wir wissen.
„Gar nichts ist los! Ich genieße nur!“
„Was genießt du?“
„Nun, den prickelnden Tiefblick in die Spalte, das blaue Eis . . . alles!“ antwortete unser Anfänger mit einer Ruhe, wie sie sonst nur Schneckenzüchter während ihrer Arbeit entwickeln.
Als wir unterhalb des Mont-Maudit-Gipfels waren, tauchten Wolkenfische am Himmel auf. Schlechtwetterzeichen! Wir befanden uns jetzt auf dem halben Wege zwischen Montblanc und Col du Midi. In einer halben Stunde konnte der Himmel schwarz sein. Plötzlich wurde unser Tempo rascher.
„Kinder, rennt doch nicht so! Genießt lieber die herrliche Gegend, schaut euch doch die herrliche Wolkenstimmung an!“ mahnte da unser Christian, der in seiner Genußsucht anscheinend den Montblanc mit einer weichgepolsterten Konditoreiecke verwechselte.
Beim letzten Hang hinauf zum Montblanc-Gipfel wurde er aber dann bergkrank. Nicht schlimm, aber immerhin hatte er nach jedem zwanzigsten Schritt das lebhafte Bedürfnis, die herrliche Gegend anzuschauen. Die Schlechtwetterfische am Himmel waren verschwunden, und so hatte niemand von uns etwas gegen die Gegend einzuwenden. Christians Ruhepausen gaben uns wenigstens Gelegenheit zum Nachdenken.
Man denkt in Höhen über viertausend Metern anders als im Tal. Die dünnere Luft macht das. Wenn es im Tal auch diese dünnere Luft gäbe, könnten die Gasthäuser zusperren. Denn diese dünnere Luft wirkt wie ein Glas starken Weines.

Man denkt viel rascher und vor allem nicht so furchtbar konkret. Die Gedanken überschlagen sich, purzeln durcheinander, einer jagt den anderen . . . und was für Gedanken! Wenn jemals einer die Welt aus den Angeln heben würde, so könnte ihm die Zauberformel dazu nur in großen Höhen eingefallen sein. Die Natur trägt zu diesen Gedanken noch das ihre bei . . . die bizarren Eisgebilde, die phantastisch geformten Wolkenburgen, das Glitzern der Schneefelder.

Der Hang wurde flacher, Christian wurde wieder schneller, und plötzlich sahen wir auch im Westen Berge stehen – wir hatten den Gipfel des Montblanc erreicht. Es war niemand oben. Es war auch niemand mehr unter uns. Denn eine geschlossene Wolkendecke hatte sich über die Täler gelegt, und nur noch die Spitzen der höchsten Berge ragten frei in den Himmel. Und da lächelt man über uns Bergsteiger, wenn wir uns manchmal so gebärden, als hätten wir den Schlüssel zum Paradies in unserer Hosentasche . . .

Apropos, Hosentasche! Es kostete uns gewaltige Überwindung, die Hände aus der Hosentasche zu nehmen und die Handschuhe für den Gipfelhändedruck auszuziehen. Denn um den Gipfel des Montblanc blies ein grimmigkalter Wind . . .

„Zu blöd ist das!" schimpfte da Christian.

„Was ist zu blöd?"

„Nun, den ganzen Weg da herauf denke ich schon daran, was ich wohl für Gefühle haben werde, wenn ich auf dem Gipfel des Montblanc stehe. Jetzt stehe ich auf dem Montblanc. Aber Gefühle habe ich keine, nicht die geringsten Gefühle. Ist das nicht zu blöd?"

Unser Christian war wirklich ein alpiner Anfänger. Er war auch noch sehr jung. Er mußte erst draufkommen, daß

nicht die gefühlvollen Augenblicke die größten im Leben sind, sondern jene, während derer man gar nicht mehr daran denkt, Gefühle zu haben!
Die Vallothütte ist ganz aus Leichtmetall gebaut. Wäre die Vallothütte aus Holz gebaut, wäre sie wahrscheinlich schon längst bis auf das letzte Bettbrettl verheizt und als Rauchwolke in den Bergsteigerhimmel geschwebt. Das Innere der Vallothütte: ein Eisentisch, Eisenbänke, eiserne Pritschen mit einigen feuchten Decken darauf - und viel Kälte, keine eiserne, dafür aber eine um so eisigere Kälte! Minus sechs Grad. Das einzige, was wir nach Betreten der Hütte ablegten, waren die Rucksäcke, Schneebrillen und Steigeisen.
Trotzdem wurde auch in diesem Gefrierfleischbungalow der echte Hausfrauengeist in Fritzi wach. Sie wollte Butterbrote herrichten, wir Männer sollten Tee kochen. Aber bald winselte Fritzi nach starken Männerkräften - die Butter war beinhart gefroren und das Streichen eines einzigen Butterbrotes hatte ihre schwachen Kräfte restlos erschöpft. Aber wir Männer brauchten jeden Mann zum Teekochen! Denn unser Benzinkocher hatte beschlossen, in viertausendfünfhundert Meter Höhe zu streiken . . .
Wir leerten also das Benzin aus dem Kocher in eine leere Sardinendose, kramten unsere ganzen Papiervorräte aus Rucksack und Hosentaschen hervor (sogar das letzte Fetzchen Klosettpapier wurde geopfert!) und versuchten nun auf dieser Benzin-Papier-Flamme Schnee für das Teewasser zu schmelzen - und das überstieg selbst unsere gewaltigen Männerkräfte! Alle fünf Minuten mußten wir raus vor die Hütte, um uns von den Benzindämpfen zu erholen . . .
Kleines Gespräch vor der Hüttentür:
„Die Luft ist im Hochgebirge halt so gut!"
„Gestern sind wir knapp an einer Rauchgasvergiftung vor-

beigegangen. Heute raufen wir mit den Benzingasen. Ob das unsere Lungen noch lange aushalten werden?“
Die Wolken hatten sich verdichtet und brandeten an den Felsen, auf dem die kleine Hütte stand. Und es roch nach Schlechtwetter. Doch die sinkende Sonne verklärte selbst diese drohende Wolkenstimmung noch mit ihrem zauberhaften Licht. Rot brannte der Gipfel des Montblanc in den dunkelblauen Himmel . . .
„Jetzt versteh ich, was der Oskar Erich Meyer gemeint hat, als er sagte, daß man zum Montblanc beten könne!“ sagte ich.
„Ich bin nicht der Oskar Erich Meyer, und ich meine daher nur, daß jetzt ein Häferl Tee auch nicht schlecht wäre!“ seufzte der Hansl. Worauf wir wieder in die Hütte zurückstolperten und weiter in unser Benzin- und Papierflämmchen bliesen. Nach einer Stunde war dann endlich der Schnee geschmolzen. Jetzt mußte das Wasser erst heiß werden für den Tee. Unsere Benzinvorräte, Butter- und Klosettpapiere waren schon fast zu Ende. Also setzten wir Neskaffee auf die Getränkekarte (natürlich nur eine symbolische Getränkekarte, denn eine wirkliche wäre natürlich ebenfalls schon längst verheizt worden!). Der Neskaffee schmeckte mehr nach Benzin als nach Nes . . .
„Ich muß schon sagen, wir haben eine sehr abwechslungsreiche Küche. Gestern Rußsuppe, heute Benzinkaffee!“ meckerte der Hansl.
Der Wind war stärker geworden. Als wir noch einmal vor die Hütte treten wollten, traten wir auf der Türschwelle bereits in einige Zentimeter Neuschnee. Jetzt war das Wolkenfisch-Unwetter da.
Wir konnten an diesem Abend lange nicht einschlafen. Der Sturm rüttelte an unserer Hütte. Wir mußten an den weite-

ren Abstieg im Schneesturm denken. Unsere Gesichter glühten, und wir konnten den Aufstieg im Sonnenschein nicht vergessen. Dann: Es gibt in den Alpen nur einen höchsten Berg, und der Tag, an dem man auf diesem Berg stand, ist ein besonderer Tag. Dieser Tag läßt sich nicht so schnell von der Nacht verdrängen.

Irgendwann schlief ich aber dann doch ein. Bald war ich jedoch wieder wach. Der Schneesturm schien jetzt seinen Höhepunkt erreicht zu haben. Ich umklammerte meinen Schlafsack – so fest, als hätte ich damit die Hütte in den Händen und könnte sie davor bewahren, von dem tobenden Schneesturm weggeblasen zu werden.

„Hörst du den Sturm?“ flüsterte da das Fritzerl neben mir so geheimnisvoll, als würde sie mir ein ganz stilles und ganz großes Geheimnis mitteilen. Dann lagen wir lange still da und lauschten dem Sturm . . . wie er winselte und heulte, wie er Eisstücke gegen die metallene Hütte warf, wie er aussetzte, um sich von neuem Atem zu holen . . . und irgendwie hatten wir Angst wie kleine Kinder, die nach den tappenden Tritten des Schwarzen Mannes aus dem Walde lauschen. Obwohl wir wußten, daß alles auf der Welt viel schlimmer scheint, wenn man untätig im Dunkeln liegt.

Der Schneesturm hatte auch am Morgen noch nicht nachgelassen. In der ganzen Hütte lag Schnee . . . auf dem Tisch, auf unseren Rucksäcken, auf unseren Schlafsäcken, überall lag der feine Pulverschnee. In dem fahlen Morgenlicht sahen auch die Leichtmetallwände der Hütte wie vereist aus. Die ganze Welt schien vereist zu sein. Selbst in unsere Schlafsäcke biß sich schon die Kälte hinein.

Bis elf Uhr vormittags wollten wir auf ein Nachlassen des Sturmes warten. Dann wollten wir auf jeden Fall absteigen. „Dann brechen wir einfach durch!“ sagte ich und bemühte

mich, wenigstens während dieser fünf Worte das Zähneklappern zu unterdrücken. Denn man kann nicht gut Durchbruchparolen mit Zähnegeklapper von sich geben.
Um zehn Uhr hatte der Schneesturm noch immer nicht nachgelassen. Wir mußten uns fertig machen zum Durchbruch. Fürs erste beschlossen wir einmal, um zehn Uhr fünf aufzustehen. Aber um zehn Uhr fünf beschlossen wir, um zehn Uhr zehn aufzustehen. Es fiel uns nämlich so verdammt schwer, unsere Daunensäcke zu verlassen. Doch konnten wir schließlich nicht gut in die Schlafsäcke gewickelt zu einem Durchbruch antreten!
Wir begannen uns sturmfest zu verpacken, Steigeisen anzuschnallen, Seil anzulegen. Noch einige Bissen Schokolade. Dann trat Ernst als erster hinaus in den Schneesturm. Mir ging es gut: ich war der letzte! Ich durfte am längsten in der Geborgenheit der Hütte verweilen.
Die Erstersteiger des Montblanc hatten diese Hütte noch nicht! Sie hatten auch nicht das beruhigende Wissen, daß schon einige zehntausend Menschen auf diesen Berg gut hinauf- und vor allem auch wieder gut hinuntergekommen waren. Für sie war dieser Berg ein feindseliges Ungeheuer. Nachdem Horace Bénedict de Saussure auf dem Gipfel des Montblanc gestanden war, schrieb er: „Am stärksten durchströmte mich das köstliche Gefühl, die Unruhe weichen zu sehen, von der ich ergriffen war; denn die Länge dieses Kampfes, die Erinnerung daran versetzten mich in seltsame Erregung. In diesem Augenblick, da ich den höchsten Punkt des Schnees erreichte, der den Gipfel krönt, stampfte ich ihn mehr im Gefühl des Zornes als der Freude . . .“ Immer wenn der Name Saussure fällt, sehe ich einen Menschen, der voll Zorn auf dem Montblancgipfel den Schnee mit den Füßen zertritt!

Ruck - das Seil, das mich mit Fritzi verband, spannte sich. Jetzt kam ich an die Reihe. Ich tappte zur Tür. Noch ein Blick zurück in die Hütte. Ob du wohl noch einmal hier übernachten wirst? Ruck - schon wieder ein Zug am Seil! Ich kam nicht mehr dazu, mir eine sentimentale Antwort auf diese Frage auszudenken . . .
Im Laufschritt sprang ich den Hang hinunter. Nur undeutlich konnte ich in dem Schneetreiben und Nebel Fritzerl vor mir erkennen. Die Schneebrille störte mich. Ich schob sie zurück. Da schlugen mir die Eisnadeln hart an die Augenlider. Aber das machte mir nichts aus. Jetzt, wo ich mit dem Sturm kämpfte, wollte ich ihn auch spüren.
Dann wäre ich bald über die Kameraden gestolpert, die stehengeblieben waren, um über den Weiterweg die verschiedensten Theorien zu entwickeln. Ernst war der Meinung, daß wir uns jetzt etwas links halten müßten. Hansl war für rechts. Christian war für geradeaus hinunter.
„Warum glaubst du, daß wir geradeaus hinunter müßten?“ fragte ich ihn.
„Weil es da bergab geht!“ war die irgendwie logisch klingende Antwort.
Wir entschieden uns für rechts. Und wir kamen gut weiter. Doch je tiefer wir kamen, desto weicher wurde der Schnee. Der weiche Schnee verpappte sich zwischen den Steigeisenzacken zu hohen Klumpen und verwandelte unser Gehen in ein Stöckelschuhdamengetrippel.
„Kinder, haltet mehr Abstand für den Fall, daß einer von uns ins Rutschen kommt . . .“ - weiter kam ich nicht mehr mit meinen guten Ratschlägen zu einsfünfzig. Denn Fritzerl war bereits ins Rutschen gekommen! Das Seil zwischen uns spannte sich, ein Ruck - und schon zog es mich aus meinem schwachen Stöckelschuhstand!

Natürlich nützte es nichts, daß ich mit den Schneeklumpen an den Füßen bremste. In dem lockeren Neuschnee nützte mir aber auch der Pickel nicht viel. Meine Fahrt fand erst an einem Prellbock ihr Ende. Dieser Prellbock war Fritzerls Hinterteil!

Lachend gruben wir uns gegenseitig aus dem Schnee. Doch plötzlich verwandelte sich Fritzis Lachen in lautes Gejammer: „Die neue Hose!"

Die neue Hose war Fritzerls ganzer Stolz. Es war eine Hose, in der man sich gut bewegen konnte und die einen trotzdem nicht dick erscheinen ließ. Es war eine Hose, die so gut zum blauen Anorak paßte. Es war eine wunderschöne Hose. Und in diese wunderschöne Hose hatte ich nun mit meinen Steigeisenzacken zwanzig wunderschöne Löcher gebohrt.

Natürlich versuchten wir vier Mannsbilder mit vereinten Kräften, Fritzerl zu trösten. Rauher, aber gutgemeinter Männertrost: Besser ein paar Löcher in der Hose als im Schädel und dergleichen mehr. Aber was half's? „Was werden sich die Leute in Chamonix denken, wenn sie mich in dieser zerfetzten Hose sehen?" jammerte Fritzerl.

Das war typisch Weib! Keiner von uns Mannsbildern hatte noch an Chamonix gedacht. Chamonix schien uns noch so weit entfernt. Dreitausend Höhenmeter, weite Gletscher und unzählige Spalten trennten uns noch davon. Wir konnten es uns noch nicht leisten, an Chamonix zu denken. Daran zu denken, was sich die Leute in Chamonix beim Anblick einer zerrissenen Hose denken – das konnte nur eine Frau!

Inzwischen war das Wetter besser geworden. Es schneite nicht mehr, und manchmal riß sogar der Nebel auf. Dann sahen wir auf einem schmalen Felsrücken ein kleines Haus stehen . . . das Hôtel Grands Mulets!

„Jetzt hätten wir es also derpackt!" seufzte unser Christian erleichtert auf. „Aber ich bin dafür, daß wir trotzdem weitergehen. Ich könnte jetzt so eine Hotelatmosphäre nicht vertragen!“

Er war sehr enttäuscht, als wir ihn aufklärten, daß wir es jetzt noch gar nicht derpackt hätten, daß die Hauptschwierigkeit des Montblanc-Normalanstieges noch vor uns lag: der spaltenreiche Jonctiongletscher, und daß die Bezeichnung Hotel für diese halbverfaulte Bretterbude (in der sich die Mäuse gierig auf jedes liegengelassene Stückchen Brot stürzen) noch aus jenen klassischen Bergsteigerzeiten stamme, in denen man in den Bergen ein bloßes Dach über dem Kopf schon als einen Luxus empfand.

Der Jonctiongletscher: dunkle Spalten und morsche Schneebrücken, weite Sprünge und vorsichtiges Schleichen, bizarre Eistürme im Nebel, manchmal ein dumpfes Poltern irgendwo, und immer dieses Glucksen und Rauschen verborgener Wasserläufe.

Man hatte uns gesagt, daß der Montblanc-Normalweg eine ziemlich eintönige Schneetreterei sei. Für uns war es ein Weg durch eine dramatische Landschaft.

Von Westen her schob sich aufs neue eine mächtige schwarze Wolkenwand näher und wischte verächtlich die grauen Nebelschwaden weg, die sich am Montblanc festgeklebt hatten. Aus dieser schwarzen Wolkenwand zuckten grelle Blitze, und nun konnte man nicht mehr unterscheiden, ob das dumpfe Poltern, das ständig durch die Luft schwebte, von den Lawinen kam oder vom Donner.

Dann fing es zu regnen an. Die auf den weichen Schnee fallenden Wassertropfen zischten, wie wenn sie auf heißes Eisen fielen. Schwarze Felsen wurden zu unserer Rechten erkennbar. Wir hatten das Ende des Gletschers erreicht. Haushohe Felsblöcke lagen umher. Unter einem dieser

Blöcke legten wir die Steigeisen ab. Es ist möglich, daß der Montblanc-Normalweg bei schönem Wetter eine ziemlich eintönige Schneetreterei ist. Für uns war es ein Gang durch eine düstere Urzeitlandschaft.

Wir hasteten im Regen ein schmales Steiglein entlang. Schemenhaft tauchten vor uns einige Häuser auf. Christian begann voll Hoffnung von einem heißen Glühwein zu reden. Anscheinend hatte er jetzt seine Abneigung gegen die Hotelatmosphäre heroisch niedergekämpft. Aber wieder gab es eine Enttäuschung für ihn. Die Häuser waren nur die Gebäude der aufgelassenen Montblanc-Seilbahn!

Durch eine Holztür betraten wir eines von ihnen. Es war ein richtiges Gespensterhaus! Der Wind spielte mit den Fensterflügeln, der Donner rollte durch seine Räume, und bei jedem Schritt knirschte Glas. Ein Tisch stand einsam inmitten eines kahlen Zimmers - auf ihn setzten wir uns.

„In diesem Haus würde es mich gar nicht wundern, wenn der Tisch ein Tischleindeckdich wäre!“ meinte Fritzerl.

„Und was würdest du dir wünschen, wenn es eines wäre?“ fragte ich.

„Eine neue Hose für den Einzug in Chamonix!“ kam's prompt zurück.

Chamonix! Jetzt dachten auch wir Mannsbilder an Chamonix! Es war zu entscheiden, ob wir zur Mittelstation der neuen Seilbahn queren und mit der nach Chamonix hinunterfahren sollten - oder ob wir zu Fuß gehen wollten.

„Ich bin dafür, daß wir zu Fuß gehen! Nach diesem Tag käme es mir fast wie ein Frevel an dem alten Montblanc vor, wenn wir jetzt eine Seilbahn besteigen würden!“ stellte ich fest.

„Bittschön - mich stört der Frevel am Montblanc weniger als der Frevel an meinem Geldbörserl!“ der Hansl darauf.

„Mit meiner Hose würde ich mich gar nicht trauen in die Seilbahn einzusteigen!“ jammerte Fritzerl.
Der alte Fußweg nach Chamonix war ein Dornröschenpfad, und es war die neue Seilbahn, die den Dornröschenfluch über diesen Pfad verhängt hatte. Kein Mensch geht heute mehr dorthin zu Fuß, wohin man auch mit einer Seilbahn fahren kann. Wildes Unkraut umwucherte den schmalen Wegstreifen oft so stark, daß man ihn kaum erkennen konnte. Diese Unkräuter troffen nur so von Nässe, und bald troffen auch unsere Hosen. Unter den Blättern gab es viele Steine, schöne nasse, glatte Steine. Weniger schön war es nur, wenn man arglos auf einen solchen Stein trat und dann hopplabumsti bis über die Ohren in den nassen Sauerampferplätschen versank. Es ist möglich, daß dieser Weg bei schönem Wetter romantische Empfindungen in einem Bergsteiger zu erwecken vermag. Uns entlockte er nur rauhe Flüche.
„Bauernweg, verdammter!“ fluchte ich grimmig, als wir wieder einmal an einer Wegbiegung das Wasser aus unseren Schuhen leerten.
„Nach diesem Tag käme es mir fast wie ein Frevel an dem alten Montblanc vor, wenn wir jetzt eine Seilbahn besteigen würden!“ höhnte der Hansl und bemühte sich dabei sehr, die gleichen pathetischen Brusttöne zu finden, mit denen ich vorhin diesen Ausspruch getan hatte.
Dort, wo unser Dornröschenpfad in einen der Promenadenwege um Chamonix mündete, trafen wir auf ein paar Spaziergänger. Landsleute waren es, Autotouristen, Campingleute.
„Soso, vom Montblanc kommen Sie!“ meinte einer von ihnen und sah mitleidig auf unsere nassen, zerfetzten Hosen und auf unsere eingefallenen Gesicher. „Nun, eine schöne

braune Farbe haben Sie ja . . . aber hätten Sie sich diese schöne braune Farbe an einem See nicht viel gemütlicher holen können?“

Betroffen stolperten wir den Promenadenweg weiter. Wir hatten gar nicht gewußt, daß wir nur deswegen auf den Montblanc gestiegen waren, um braun zu werden!

Trotzdem feierten wir an diesem Abend bei einem guten Abendessen unseren Montblanc. Als ersten Gang gab es Suppe. Ich mag sonst keine Suppe. Aber so gut wie an diesem Abend hat mir noch nie eine geschmeckt!

In dem Restaurant gab es auch einen Musikautomaten. Ich mag diese Musikautomaten sonst nicht. Aber an diesem Abend schien mir das Geplärr die schönste Musik dieser Welt zu sein.

Das ist die große Verwandlung durch das Bergerlebnis: wir wissen nach einem solchen das Leben mit all seinen großen und kleinen Dingen zu schätzen. Wir kehren von jedem Gang ins Ungewisse aufs neue in das Leben verliebt zurück.

Es hätte an diesem Abend nach unserer Montblanc-Besteigung nicht viel gefehlt, und ich hätte ebenfalls einen Groschen in den Musikautomaten geworfen . . .

Mein Freund Schwanda jammert aus Begeisterung

Als ich Schwanda kennenlernte, war er sechsunddreißig Jahre alt – gejammert hat er auch damals schon! Daß Schwanda mit sechsundfünfzig Jahren noch immer klettert wie ein Junger, erscheint vielen wie ein Wunder von ewiger Jugend. Nur, daß der alte Schwanda noch immer jammert wie ein Baby, dem man den Schnuller in Salz statt in Zucker getaucht hatte – das können viele nicht begreifen!

Schwanda jammert über jeden Hüttenzustieg; es gibt keine Wand, von der Schwanda nicht gesagt hätte, daß er sich da wieder einmal kräftig hinaufzittern werde; und wenn vor dem Niederlegen noch die Stunde des Aufstehens vereinbart wird, dann wird selbst die wurmzerfressenste Hüttenwand für ihn zur Klagemauer. Schwanda kann über zu viel Sonnenschein ebenso herzergreifend jammern wie über sieben Tage Regenwetter. Schwandas Jammerei hat die Größe griechischer Trauerchöre. Schwandas Jammerei übertrifft das Repertoire von hundert arabischen Klageweibern.

Doch die Jammerei von meinem Freund sitzt nur an der Oberfläche. Er jammert sich das von der Seele herunter, was andere, fein säuberlich in Komplexe verpackt, tief in ihrer Seele verschließen. Denn trotz dieser Jammerei strahlt mein Freund vor einer Bergfahrt ein Gefühl der Ruhe und Sicherheit aus, das ansteckend wirkt. Sehr oft habe ich mich schon nach dem Ursprung dieses Gefühls gefragt. Aus dem Wissen um sein technisches Können allein kann es nicht kommen, weil ich schon viel bessere Bergsteiger, als Schwanda es ist, vor einer Bergfahrt irgendwie aufgeregt gesehen habe. Es muß von seiner Einstellung zum Berg kommen, von diesem Über-der-Sache-Stehen, von dieser Philosophie, die schon die Griechen hatten, wenn sie sagten, daß jedes Tun auf dieser Erde nur ein Spiel sei.

Mein Freund Schwanda liebt es, die Berge leichten Sinnes zu ersteigen (was etwas ganz anderes ist als „leichtsinnig"). Er hat seit seinem vierzehnten Lebensjahr fast jeden Sonntag in den Bergen verbracht - aber er behauptet immer wieder, daß er mit den Bergen nicht verheiratet sei. Die Berge seien für ihn da - nicht er für die Berge! Wenn er morgen im Schmetterlingssammeln oder im Preiskegeln sein Glück erkennen könne, so würde er nicht eine Sekunde lang zögern, schon heute Schmetterlingssammler oder Preiskegler zu werden. Er hat noch nie einen Berg bloß darum erstiegen, weil man diesen Berg „gemacht" haben müsse. Das heißt weiter, daß er sich noch nie auf eine Bergfahrt eingelassen hat, die sein Können überstieg.

Trotzdem ist es für jeden, der Schwanda nicht näher kennt, eine nervenaufpeitschende Angelegenheit, mit ihm zu klettern. Schwanda jammert nämlich auch bei jeder halbwegs besseren Kletterstelle, daß er jetzt ganz bestimmt hinunterfliegen werde. Worauf naive Gemüter eisern das Seil umklammern und gefaßt dem Tod ins Auge zu schauen beginnen. Nur Leute, die Schwanda gut kennen, machen es sich

auf diese Ankündigung erst richtig gemütlich auf ihrem Sitzplatz. Denn sie wissen: solange Schwanda vom Herunterfliegen jammert, solange ist alles in bester Ordnung.
Nur ein einziges Mal ist Schwanda von einem noch größeren Jammerer übertroffen worden! Das war damals, als Schwanda mit dem Pepi im Gesäuse einen neuen Durchstieg durch die Große Buchstein-Ostwand legte. Ich war damals mit einem Kletterkurs nebenan auf dem Buchstein-Ostgrat und habe alles mit angehört.
So jammerte damals Schwanda vom Hinunterfliegen:
Schwanda: „Also Bua, jetzt haut's mich abi . . . zum Stehen hab ich nix . . . zum Greifen hab ich nix . . . pfüat dich Gott, du liebe Welt!“
Pepi: „Und ich kann Sie hier nicht halten, Herr Schwanda! Wenn Sie fliegen, Herr Schwanda, dann fliege ich mit Ihnen, Herr Schwanda. Sonntag ist heute, Herr Schwanda, und morgen ist Montag, und diesen Montag erleben wir nicht mehr, wenn Sie jetzt fliegen, Herr Schwanda!“
Und so jammerte Schwanda über einen geschlagenen Mauerhaken:
Schwanda: „Na ja, drin steckt er ja im Fels, der Haken, aber halten tut er nix! Den brauchst du nur scharf von der Seite anschauen, und schon ist er wieder heraus . . .“
Pepi: „Ojeoje, Herr Schwanda, dann seh ich schwarz für uns, Herr Schwanda. Uiii – jetzt hat sich der Haken bewegt! Herr Schwanda – jetzt hat sich der ganze Block mitsamt dem Haken bewegt! Herr Schwanda – ich glaube, der ganze Überhang samt dem Block und samt dem Haken und samt Ihnen, Herr Schwanda, wird abbrechen!“
Bei solch einer Szene ist dann dem Schwanda die ganze Geschichte doch zu dumm geworden. „Halte jetzt endlich dein Maul!“ hat er zu dem verdutzten Jammer-Pepi hinunterge-

schrieen. „Und merke es dir: wenn hier was zu jammern ist, dann wird es von mir bejammert!“

Worauf dann die leicht weinerliche Stimme des Jammerers zu hören war: „Ich sage ja eh nix, Herr Schwanda. Außer daß der Überhang, an dem Sie jetzt hängen, wirklich am Abbröckeln ist . . .“

Der Weg auf die Blaueishütte in den Berchtesgadener Alpen ist ein weiter Weg.

Schöne Seelen unter den Bergsteigern unterhalten sich auf langen Hüttenzustiegen dann gerne über schöne Dinge – zum Beispiel über die Ästhetik des Bergsteigens (wobei es sie gar nicht stört, daß sie bei diesem Gespräch ausschauen wie schwitzende Wildsäue!).

Als Schwanda, Hansl und ich zur Blaueishütte hinaufdampften, hatten wir ein viel interessanteres Gesprächsthema. Schwanda besitzt zwei ziemlich erwachsene Töchter. Wir malten uns nun aus, was es für eine „Gaudi“ gäbe, wenn Hansl und ich Schwandas Schwiegersöhne wären. Als wir endlich die Blaueishütte erreichten, war Schwanda für uns nur mehr der „Schwiegervater“.

Die Hüttengäste hatten an uns bald ein erbauliches Gesprächsthema: es sei halt was Schönes, wenn die Bande der Familie noch durch das Band der Bergkameradschaft verstärkt würden. Immerhin: der alte Herr Schwiegerpapa schaut noch ganz rüstig aus!

Wir hatten vorgehabt, in dieser Nacht lang zu schlafen. Doch die Leute, welche die Absicht hatten, den Hochkalter zu besteigen, weckten uns schon um fünf Uhr früh mit Trampeln und Steigeisengeschepper.

„Sagt, Kinder, warum steht ihr denn schon mitten in der Nacht auf?“ grunzte Schwanda verschlafen.

„Weil wir auf den Hochkalter wollen! Aber wir sind gleich

weg – dann können Sie lang und schön weiterschlafen, Vaterl!"
Vaterl!!! Das Wort wirkte auf Schwanda wie eine kalte Dusche. Unruhig wälzte er sich noch eine kleine Weile auf seinem Lager hin und her. Dann begann auch er im Schlafraum herumzutappen, und bald darauf marschierten wir los. Ziel: Blaueisumrahmung.
Die zünftigen Stellen dieser prachtvollen Gratwanderung befinden sich gleich am Anfang, am Nordgrat der Blaueisspitze.
Wir kletterten ohne Seil über den gutgriffigen Fels empor. Wir kletterten nebeneinander oder hintereinander.
Bei der Schlüsselstelle war bereits eine kleinere Volksmenge angestellt. Man war sehr erstaunt, den Schwiegervater hier auch zu sehen. Aber bald hing der Schwiegervater schon ober den Häuptern der erstaunten Menge.
Ein kleiner Felsbauch drückte Schwandas Bäuchlein etwas unsanft ab. Da war der richtige Augenblick für ihn gekommen, mit dem Jammern zu beginnen:
„Also Kinder, jetzt hat mich der Totenhansl gleich am Frack! Jetzt wird es mich gleich abihauen!" jammerte er voll Begeisterung.
Der Hansl und ich sahen während dieser Worte ruhig zu den kleinen Punkten hinab, die mit Steigeisen und Pickel über den Gletscher höherkrabbelten. Wir kannten ja unseren „Schwiegervater"! Aber die anderen, die Schwanda nicht kannten, ergriff Panik.
„Menschenskinder! So nehmt doch den alten Mann ans Seil! Wie könnt ihr auch nur so leichtsinnig sein und euren Schwiegervater auf solch eine Tour mitnehmen!" rief man uns Schwiegersöhnen empört und geängstigt zu.
Aber da hatte Schwanda bereits elegant nach links gespreizt

und stand ober der Wandstelle. Wir folgten ihm. Unter uns wurden kritische Stimmen laut über die Gefühlsroheit der heutigen Jugend. Auch das Sprichwort, daß Alter nicht vor Torheit schütze, zitierte man. Oben empfing uns ein empörter Schwanda: „Habt ihr diese Rindviecher gehört? Alter Mann haben sie mich genannt! Die haben wohl ihre Augen mit Kuhdreck verpickt!"
Dann begann Schwanda in einem Tempo über die Schlußfelsen des Blaueisspitze-Nordgrates emporzustürmen, daß wir Schwiegersöhne Mühe hatten, ihm zu folgen. Da fühlten wir, daß Schwanda wieder einmal dem „Alten Mann" davonlief, und wir freuten uns für ihn, daß er ihm noch so geschwind davonlaufen konnte.
Auf dem Gipfel des Hochkalters hatte sich fast das ganze bergsteigende Deutschland bereits die Hände zum Gipfeldruck gereicht. Um das Gipfelbuch gab es ein Gedränge wie vor einem Zahlkartenschalter auf der Post am Monatsratenersten. Es gelang uns nur mit Mühe, zwischen den vielen Köpfen hindurch auch unseren Anteil an dem Hochgebirgspanorama zu erhaschen. Auch hier war man sehr erstaunt, den Schwiegervater zu sehen.
„Wie ist denn der da heraufgekommen?" tuschelte man. „Das ist doch der alte Herr, der gestern so furchtbar gejammert hat, als vom Aufstehen die Rede war!" Bald jedoch bewunderte man jene alten Herren, die es sich nicht verdrießen lassen, ihre morschen Knochen noch auf die Berge hinaufzuschleppen.
Morsche Knochen . . .
„Gehen wir!" sagte da grimmig Schwanda. Obwohl er gesagt hatte: „Gehen wir!" – rannte er den Grat hinunter, daß die Gummisohlen rauchten. Ergebnis: Knapp nach neun Uhr standen wir wieder vor der Blaueishütte.

Es war ein wunderschöner Morgen. Um die von den Bergsteigern verlassene Hütte lag eine idyllische Stille. Steil stieg der Rauch des Küchenofens zum Himmel. Wir legten uns hinter einen Felsblock und beschlossen, Augenpflege zu betreiben. Da trat ein weißhaariger Herr aus der Hüttentür, sah mit versonnenem Lächeln zu den Bergen hinauf und nickte uns dann wohlwollend zu, als er Schwanda sah: „Ah, der Schwiegervater mit seinen Schwiegersöhnen!" Dann, zu Schwanda gewendet: „Es ist auch für uns alte Leute in den Bergen noch immer schön - wenngleich wir heute die Berge nur mehr von unten anschauen können, gelt, Vater?"
Da wurde unser Schwiegervater wieder unruhig. Zehn Minuten später hing er bereits an einer besonders ekligen Kante eines der um die Hütte herumliegenden Blöcke . . . „Also Kinder, jetzt wird es mich bald abihauen!" jammerte er voll Begeisterung und kletterte wie ein junger Gott höher . . .

Die Winterbegehung fand im Saale statt

Gebirgsvereinsball zur Faschingszeit. „In der Großen-Zinne-Nordwand habe ich mich nicht so geplagt!“ flüstert mir der lange Franz über die Schulter seiner Tänzerin hinweg zu. Auch mir steht der Schweiß auf der Stirne.

„Pardon!“ – Wieder einmal bin ich meiner Dame auf die Zehen getreten. Dabei hat der Tanzsaal eine Ausdehnung von einigen hundert Quadratmetern! Auch Scarpietti steht im harten Training – seine Tänzerin wiegt soviel wie ein mittlerer Felsblock. Nur mein alpiner Lehrmeister Schwanda verschanzt sich hinter einem Weinglas mit der Ausrede, er könne nicht tanzen. Doch nun ist Damenwahl. Schwanda wird gewählt und zeigt plötzlich soziale Gefühle: „Den armen Musikern müßte man doch einmal eine Pause gönnen!“ Wir alle haben diese Pause dringend nötig. Das heißt nur wir Männer. Die Weibchen sind noch frisch und munter. Besonders Fritzerl ist heute in Faschingslaune. „Jetzt möchte ich die Welt auf den Kopf stellen“, sagt sie und „hast du schon viele Winterbegehungen gemacht?“ fragt sie.

„Selbstverständlich“, antworte ich, und ich bin sofort weit weg vom Gebirgsvereinsball und vom Tanzparkett. Ich bin

wieder ein Achtzehnjähriger, der stolz ist, daß er sich schon dreimal in der Woche rasieren muß.
Es war in jener Zeit, als mein Freund Sepp und ich fest daran glaubten, daß zu einem echten Bergsteiger auch unbedingt ein paar gefrorene Zehen gehören. Andenken an eine zünftige Winterbegehung. Und weil wir damals zu Frostsalbe und Wechselbädern noch keine näheren Beziehungen hatten, schwärmten wir von Winterbegehungen, so wie die Heimatdichter von alten Städtchen und Verliebte von ihren jungen Mädchen schwärmen. Natürlich kam für uns nur eine „Erste Winterbegehung" in Frage, eine „Erste Winterbegehung" bei mindestens vierzig Grad Kälte und zwei Meter Neuschnee.
Es war ein bitterkalter Wintertag, als wir unsere „Erste Winterbegehung" begannen. Der Dampf unseres Zügleins vernebelte die Landschaft vor unseren Waggonfenstern, und die Leute, die in den Stationen zustiegen, hatten gefrorene Nasentröpferl. Zwanzig Grad Kälte lasen wir vom Thermometer unseres Zielbahnhofes ab.
„Nur zwanzig Grad", meinte Sepp sehr mißbilligend und war enttäuscht, daß es keine vierzig Grad waren. Ein heftiger Windstoß, der um die Ecke brauste und den Schnee hoch aufwirbelte, tröstete ihn einigermaßen. Zur Not mußten wir eben bei unserer zünftigen Winterbegehung mit diesen lumpigen zwanzig Grad Kälte das Auskommen finden. Wir gingen erst zu leiseren Tönen über, als sich die im geheizten Zug gesammelte Körperwärme verflüchtigt hatte und die Kälte uns herzhaft in die Ohren biß. Zwanzig oder vierzig Grad Kälte sind ja ganz schön – wenn's nur nicht so kalt dabei wäre!
Auf der Schutzhütte waren wir die einzigen Nichtskifahrer. Natürlich fühlten wir uns als Könige. Was ist auch schon so

ein Pistenflitzer gegen einen Winter-Erstbegeher? Vergleichen wir doch nur einmal die Rucksäcke!
In unseren Rucksäcken fanden sich Kletterseile und Eisäxte, Mauerhaken in allen Größen und Karabiner in allen Preislagen, die abgelegten Handschuhe der ganzen Verwandtschaft und ungefähr der halbe Benzinvorrat einer Tankstelle für unsere Benzinkocher; Bauchbinden, so wie sie rüstige Pensionisten gerne tragen, damit sie noch lange rüstig bleiben, und Wollmützen, die sich laut Prospekt schon auf mindestens zehn Nordpolexpeditionen bewährt hatten; Dauerwurst und Dauerbrot, dreißig Meter Reepschnur und dreißig Meter Verbandzeug, Schneebrillen für sonnige und ein Schlafsack für stürmische Stunden, eine Bussole für den Tag und eine Kerzenlaterne für die Nacht. Und viel Papier! Zeitungspapier, das laut alpiner Literatur bei Winterbiwaks unentbehrlich sein sollte.
Und was hat schon so ein Skifahrer in seinem lächerlichen Rucksäckchen? Etwas Skiwachs und eine Tube Sonnencreme. Vielleicht auch einen Kamm, damit er auch schön ist, wenn er einem Skihaserl das Skifahren beizubringen versucht.
Natürlich mußten wir werdenden Winter-Erstbegeher uns bei solchen Vergleichen wie Könige fühlen!
In der Schutzhütte wurde es immer lebhafter. Bald erschienen auch zwei Mädchen an unserem Tisch und fragten, ob es erlaubt sei, daran Platz zu nehmen. Es war erlaubt. Um die Konversation gleich richtig in Schwung zu bringen, fragten wir, was wohl zwei so hübsche Mädchen in den Bergen suchten. Wir waren schließlich gelehrige Kinobesucher und wußten, wie sich zwei Männer von Welt in solchen Situationen zu benehmen haben. Die beiden Hübschen waren nicht faul und gaben zurück: das gleiche wie zwei gewisse hübsche

Knaben. Oho! dachten wir, das ist ein Irrtum! Aber wir verschwiegen das „Oho“ und schwiegen auch über unsere Pläne. Schon oft genug hatten wir gelesen, echte Bergsteiger müßten betont bescheiden sein. Selbst um den Preis, für harmlose Wiesenrutscher gehalten zu werden, wollten wir ganz echte Bergsteiger sein.

Schade, dachte ich, daß Sepp und ich schon ein Programm haben. Die Mädchen waren zu lustig und nett, ich hätte nichts dagegen gehabt, mit ihnen einen Sonntag lang Berg, Luft und Sonne zu genießen.

In der Hütte war es inzwischen laut geworden: „Zwei Bretteln, ein g’führiger Schnee, juchhe!“ Selbst die Hundertkilo-Herren ließen die Berge im allgemeinen und die zünftige Skifahrerei im besonderen hoch-, hoch-, dreimal hochleben. Meist nur deshalb, um öfters Grund für einen zünftigen Schluck zu haben - wie mir eines der Mädchen kichernd zuflüsterte.

Für uns werdende Winterkletterer wurde es höchste Zeit, schlafen zu gehen. Wir verabschiedeten uns schweren Herzens und traten noch einmal vor die Hütte. Die Luft war wärmer geworden, um die Bergspitzen und um den Mond hingen Nebelschleier.

Wir waren die ersten, die sich schlafen legten. Noch einmal besprachen wir den kommenden Tag. Theoretisch war alles klar. Wir wollten zeitig einsteigen, damit wir auf den Schrofen noch festgefrorenen Schnee fänden. Schrofen sind bei Winterbesteigungen am schwierigsten, man überwindet sie leichter, wenn man im gefrorenen Schnee, über herausgekratzte Griffe und Tritte höhersteigen kann. Die schweren und steilen Stellen der Wand machten uns keine Sorge: sie konnten nicht viel anders sein als im Sommer, und im Sommer hatten wir die Wand schon einige Male durchstiegen.

Theoretisch war wirklich alles klar. Etwas anderes aber ging mir nicht aus dem Kopf: die Mädchen! Wir nannten uns zwar oft und stolz harte Burschen – aber mit den zwei Mädeln wäre ich gerne einmal weich gewesen. Wenn morgen das Wetter schlecht wäre . . . dann, ja, dann hätten wir vielleicht einen Grund, weich zu werden. Aber das waren alpine Ketzergedanken.

„Diese zwei Mädchen, nette Gletscherflöhe, nicht wahr?" brummte ich so vor mich hin.

„Aha!" murmelte der Sepp unter seiner Decke.

„Schade, daß wir morgen schon etwas vorhaben!" schwärmte ich weiter.

„Aha!" murmelte der Sepp ein zweites Mal unter seiner Decke. Daß der Sepp immer nur Berge im Kopf hatte! Berge, Berge, Berge und sonst nichts! Doch war der Sepp mein Freund und Bergkamerad, ich hatte zu dieser Winterbesteigung A gesagt, nun mußte ich auch B sagen.

Um zehn Uhr war Hüttenruhe. Um Mitternacht weckten uns noch zwei Spätankömmlinge. Sie flüsterten etwas von einem verdammten Sauwetter . . .

Sauwetter? Nun erst hörte ich den Wind brausen und Eiskörner ans Fenster schlagen. Ein Wettersturz!

„Du, Charly!" flüsterte der Sepp neben mir, „jetzt findet die Winterbegehung wegen Schlechtwetters im Saal statt. Wir können uns morgen beruhigt den zwei Gletscherflöhen widmen!"

Jetzt sagte ich „Aha!". Der Sepp hatte also doch nicht nur die Berge im Kopf, er wurde sogar sehr gesprächig.

„Die Winterbegehung wäre ja sicher sehr schön gewesen. Aber ich glaube, daß es mit den zwei Mädchen auch sehr schön werden kann.

Man muß ja nicht immer nur in den Wänden hängen! Wände gibt es genug, und der Schnee läuft uns bis zum nächsten Sonntag nicht davon – aber zwei solche Mädel gibt es nur einmal, um die wäre es wirklich schade, wenn sie uns davonliefen . . ."

„Aha", murmelte ich ein zweites Mal. Denn was der Sepp da gesagt hatte, bedeutete für uns eine Umkehrung aller Werte. Bisher waren wir nämlich der Ansicht gewesen, daß es genug Mädel gäbe und nur diese eine Nord- oder Südwand, in die wir gerade verliebt waren!

In der Früh pfiff der Schneesturm. Die Schutzhütte ächzte, als wären gerade zwei Riesen dabei, sie in der Mitte auseinanderzusägen. Sepp fragte mich, ob ich eine Ahnung hätte, wo in dieser Hütte der Waschraum wäre. Ich hatte keine Ahnung, waren wir doch bisher immer nur vor zünftigen Bergtouren in dieser Hütte gewesen. Wenn man frühmorgens zu einer Kletterfahrt losstolpert, macht man keine unnützen Umwege über einen Waschraum. Als mich Sepp deshalb nach dem Waschraum fragte, wußte ich, daß auch er für diesen Sonntag die Winterbegehung aufs Eis gelegt hatte. So blieb sie uns wenigstens frisch bis zum nächsten Sonntag.

Aufgeregt, wie eben nur Jünglinge bei einem ersten Rendezvous sein können, stiegen wir hinab in den Gastraum. Ob die beiden Gletscherflöhe schon auf uns warteten?

Im Treppenraum hing ein Bild vom Matterhorn. Als ich an dem Bild des „Berges aller Berge" vorbeischlich, hatte ich für einige Sekunden ein schlechtes Gewissen. Heute bist du den Bergen untreu geworden. Natürlich war daran nur der Schneesturm schuld. Allerdings, etwas wie einen Schneesturm hast du dir gewünscht. Auf diesen leisen Wunsch hin hatte dann Petrus im Himmel eben sofort den Hebel gedrückt, auf dem „Schneesturm" steht. Und jetzt ist der

Schneesturm da. Auch die zwei Mädchen waren schon da. Sie saßen an unserem Tisch, und die zwei Spätankömmlinge saßen bei ihnen. Obwohl wir noch keinerlei Erfahrungen in Sachen Rendezvous hatten, sahen wir sofort, daß die beiden Knaben mit den Mädchen gut bekannt waren - sogar sehr gut bekannt waren. Man brauchte nur hinzusehen, und schon hörte man die Hochzeitsglocken läuten!

Wir grinsten verlegen und setzten uns mit dem Gefühl, überflüssig zu sein, in den finstersten Winkel des Gastraumes. Eine Weile vermieden wir es dann auch, uns gegenseitig anzusehen. Später stand dann der Sepp auf und brachte einige alte Alpenvereins-Jahrbücher, die von tausend Schlechtwettertagen zerlesen und abgegriffen waren, in unseren Winkel. Da war nur von Bergen etwas zu lesen, nur von Bergen! Das tat uns gut! Künftig wollten wir nie, nie, nie wieder ein Mädchen anschauen. Nur noch Berge!

Draußen vor der Hütte pfiff der Schneesturm, ein Schneesturm, den wir bestellt hatten. Und zwei Tische von uns entfernt lachten zwei gewisse Mädchen sehr oft und sehr übermütig. Aber dieses Lachen perlte jetzt an uns ab wie Regentropfen an einem Gummimantel. Die Berge hatten uns wieder, und in uns wurde ein Tatendrang wach, so stark und so unbändig, daß wir am liebsten die Wände des Gastzimmers erklettert hätten.

Den bei Petrus bestellten Schneesturm konnten wir nicht wieder abbestellen, wir mußten bei unseren Büchern hockenbleiben. Die Winterbegehung fand an diesem Sonntag wegen Schlechtwetters im Saale statt.

*

Freilich habe ich diese Geschichte Fritzerl nicht so erzählt, wie sie sich zugetragen hat. Ich sprach mehr so allgemein

von Winterbegehungen. Da fing auch schon wieder dieses verdammte Orchester zu spielen an. „Fein, jetzt können wir wieder tanzen!“ jubelte Fritzerl.
Auf dem Weg zum Tanzsaal begegne ich Scarpietti. Nach dem zweiten Biwak bei dem Wettersturz in der Pelmo-Nordwand hatte er wesentlich frischer ausgesehen. Auch ich mußte damals besser in Form gewesen sein, denn Scarpietti ermuntert mich: „Kopf hoch, Karl! In den Wänden sind noch immer wir die Herren und Meister!“

Der Mai ist gekommen, die Bäume schlagen aus . . .

Es war alles genau berechnet. Am Freitag würde Schwanda in Bad Ischgl, am Samstag in Tirol einen Vortrag halten. Hundertfünfzig Kilometer kann ein guter Automobilist leicht in drei Stunden schaffen, und Schwanda hielt sich – so wie jeder Autofahrer – für einen guten Automobilisten. Schwanda hatte sich also ausgerechnet, daß wir zwischen den Vorträgen am Samstagvormittag leicht die Trisselwand über dem Altausseer See in der Steiermark durchsteigen könnten.

Die Vormittagstour begann für uns um vier Uhr früh. Sie begann damit, daß Schwanda sein Auto aus dem Hof des Gasthofes steuern mußte, in dem wir übernachtet hatten. Nun ist Schwanda wirklich ein guter Fahrer, eines allerdings kann er nicht und wird es auch nie mehr lernen: das Wenden eines Autos auf kleinem Raum. Schwanda fuhr an und rammte einen Müllkübel. Schwanda fuhr zurück und rammte einen Holzzaun. Er gab Gas, schlug scharf rechts ein . . . und schon steckte die Nase seines Autos in einem Holzstoß. Er gab wieder Gas, fuhr zurück . . . Achtung, der Zaun!

Im ersten Stock des Gasthofes öffnete sich ein Fenster, und ein Herr bat energisch um Ruhe. Eingeschüchtert bat uns

Schwanda nun im Flüsterton, doch diesen verdammten Holzstoß zu entfernen. Das taten wir auch. Scheit um Scheit bauten wir ihn ab. Als unser Automobilist dann endlich aus dem Hof entkommen war, mußten wir den Holzstoß wieder aufbauen, Scheit um Scheit. „Sind wir Kletterer oder Holzknechte?" schimpfte Herbert. Auch ich hatte während der Schwerarbeit fast vergessen, daß wir eigentlich an diesem Tag durch die Trisselwand klettern wollten.

Die Trisselwand scheint unmittelbar aus dem dunkelgrünen Altausseer See in den blauen Himmel zu wachsen und hat mehrere Durchstiege. Wir wollten den leichtesten machen. Um acht Uhr abends mußte Schwanda ja in Tirol sein.

In Altaussee hatte uns ein bergbegeisterter Gendarm lange die Reinlroute erklärt: Zuerst rechts von der großen Schlucht hinauf, dann die Schlucht queren und nach links hinaus in die Wand. Den Kamin dürften wir allerdings nicht verfehlen. Wie lange wir zum Einstieg gehen würden? Eine Stunde!

Als wir bereits zwei Stunden unterwegs waren und noch immer in den Latschen herumzipften, stellten wir grimmig fest, daß wir wieder einmal Opfer der „Steirischen Stunde" geworden waren. Wo immer man in der grünen Steiermark jemand um die Gehzeit fragt, wird man zur Antwort bekommen, es sei nur eine Stunde. Mit den weiteren zwei oder drei Stunden muß man dann jeweils irgendwie allein fertig werden.

Es war neun Uhr vormittags, als wir endlich beim Einstieg standen. Achthundert Meter hoch baute sich über uns die Trisselwand auf. Der Gendarm hatte uns gesagt, daß man für die Reinlroute etwa drei Stunden brauche. Wir schlugen zu den drei steirischen Stunden noch sechs lumpige Normalstunden dazu und begannen sofort, in die Wand einzustei-

gen. Denn um acht Uhr abends mußte Schwanda ja in Tirol sein!
Wir stiegen rechts von der Schlucht so lange hoch, bis wir von steilen Wänden nach links in die Schlucht gedrängt wurden. Links von ihr war ein dunkler Kamin zu sehen. Der Kamin, den wir nicht verfehlen durften!
„Das ist nicht unser Kamin. Wir müssen noch höher hinauf!" stellte Schwanda fest.
„Aber der Gendarm . . ."
„Der Gendarm hat auch gesagt, daß wir bis zum Einstieg nur eine Stunde gehen werden! Unser Kamin ist weiter oben!" erklärte Schwanda sehr bestimmt und kletterte die Schlucht weiter empor. Man muß auf dieser Welt nur etwas sehr bestimmt behaupten – und schon glauben es die Leute. Obwohl ich noch immer zu dem Kamin blinzelte, folgte ich Schwanda.
In der Schlucht ging es herrlich weiter. „Verlaß dich nur auf mich, Bua! Ich hab einen Instinkt für die richtigen Wege!" lobte sich Schwanda voll Genugtuung und spreizte einen gutgriffigen Blockkamin empor.
Ich sah hinauf zu dem glatten Wandgürtel oberhalb der Schlucht. Er gefiel mir gar nicht. Ich sagte daher: „In jeder Mausefalle liegt ein Stück Speck, das den Mäusen das Maul wässerig macht. Erst wenn die Maus den Speck angebissen hat, schnappt die Mausefalle zu. Ping, macht sie dann und ist zu. Diese schöne Schlucht ist der Speck in unserer Mausefalle!"
„Red nicht so dumm daher!" gab mir Schwanda zurück. „Diese Schlucht ist kein Mausefallenspeck, sondern ein Götterweg im Kletterhimmel!"
Die Götterschlucht wurde immer enger, glatter und überhängender. Wir mußten uns anseilen, Schwanda band sich

mit Franz zusammen, ich mit Fritzerl und Herbert. „Ping, macht die Mausefalle!“ sagte ich wiederum, als Schwanda eine steile Platte emporzuklettern begann. Dieses „Ping“ gab ein unheimliches Echo. Die ganze Schlucht war mit einem Male unheimlich, düster. Kein Wunder, ein schwarzes Gewitter hing über uns.

Am Ende der Schlucht und am Fuße des glatten Wandgürtels fanden wir eine tote Kreuzotter. „Ich möchte nur wissen, wie das Viecherl da heraufgekommen ist? Und woran es wohl gestorben sein mag?“ fragte Schwanda nachdenklich.

„Wie die Schlange da heraufgekommen ist, kann ich dir nicht sagen - nur wie sie gestorben ist. Sie hat Selbstmord begangen, als sie merkte, daß sie in einer Mausefalle steckt. ‚Ping‘, hat die Mausefalle gemacht.“

„Jetzt hör endlich einmal auf mit deiner blödsinnigen Mausefalle!“ unterbrach mich Schwanda wütend und schaute hinauf, dann nach rechts und nach links, dann auf die Uhr – und begann aufs neue zu klettern. Er kletterte nach links. Hier war noch eine winzige Möglichkeit, weiterzukommen. Ober uns und rechts von uns gab es nur noch glatte Wände. Wir schienen tatsächlich in eine Mausefalle geraten zu sein. Gleich darauf prasselten die ersten Regenschauer auf uns nieder. Wir steckten in einer glatten Plattenzone, und es gab für uns keinerlei Deckung. Der einzige Schutz gegen den Regen waren unsere Anorakkapuzen. Dann kam noch der Nebel. Jetzt war alles grau um uns.

„Schau nach, Bua, was der Führer schreibt!“ bat Schwanda. Ich schaute nach. Der Führer stammte noch aus dem Jahre anno Sauerkraut. Der Reinlweg war in ihm der einzige beschriebene Durchstieg durch die Trisselwand. Auch schon anno Sauerkraut hatte man am Reinlweg durch einen Ka-

min klettern müssen, allerdings weiter unten. Jetzt glaubte auch Schwanda nicht mehr daran, daß wir ihn hier oben noch finden könnten. Die Mausefalle war zu.
Wir kletterten in Regen und Nebel weiter. Schwanda und Franz versuchten, nach oben durchzubrechen. Ich versuchte mein Glück weiter links. Bevor der Nebel kam, hatte ich da eine Kante entdeckt.
„Wie viele Haken haben wir mit?“ fragte mich Herbert. Ich hatte nur einen einzigen, Schwanda auch nicht viel mehr. Das war schlimm. Wenn man sich im Fels auf Durchbruchsunternehmungen einlassen will, braucht man Mauerhaken. Aber wir waren ja auch nicht auf ein Durchbruchsunternehmen vorbereitet, sondern wollten nur auf dem leichtesten Durchstieg durch die Trisselwand. Denn um acht Uhr abends hatte ja Schwanda seinen Vortrag.
Der Vortrag! Der Vereinsvorstand wird sich über das so zahlreich erschienene Publikum freuen und Schwanda bitten, das Wort zu ergreifen. Und Schwanda wird mit dem ergriffenen Wort einem ergriffenen Publikum von der Schönheit der Bergwelt erzählen . . . selbstverständlich in gewählten Worten. Jetzt allerdings wählte Schwanda seine Worte nicht. Jetzt fluchte er nur schauerlich. Sein Versuch, nach oben durchzubrechen, war an überhängenden, gelben Wänden gescheitert. Jetzt lief ihm das Regenwasser über das Gesicht, und seine Nase war blau wie das erste Märzveilchen. Jetzt hätte ihm keiner von der Schönheit der Berge erzählen dürfen! Wir standen auf einer kleinen Plattform, und über uns steckte ein rostiger Mauerhaken im Fels. Hier waren also auch schon Menschen gestanden. Oder waren es Mäuse gewesen, die einen Ausweg aus dieser Mausefalle gesucht hatten?
Schwanda kletterte nach links in eine senkrechte Wand.

Bald hatte ihn der Nebel geschluckt. Als das Seil zu Ende war, ging ihm Franz nach. Auch den Franz schluckte bald der Nebel. Nachdem Herbert und Fritzi nachgekommen waren, stieg auch ich in die senkrechte Wand. Von einer Nische aus gab es zwei Möglichkeiten, weiterzukommen . . .
„Franz, seid ihr links oder gerade hinaufgestiegen?“ Keine Antwort aus dem Nebel. Ich hörte nur das Rauschen des Regens, Stöhnen und heftiges Scharren von Bergschuhen.
„Seid ihr links oder gerade hinaufgestiegen?“
„Links!“ schnaufte Franz mit schwacher Stimme und verlangte gleich danach kräftigen Seilzug. Pfui Teufel, diese Stelle mußte es in sich haben! Ich war aufs Schlimmste gefaßt, als ich die fast grifflose und trittlose Rampe zu einem Dachüberhang hinaufzuklettern begann. Es wurde noch schlimmer, als ich gedacht hatte.
An der nassen, glatten Rampe rollte es mir die Fingernägel auf, und mein Armschmalz schmolz wie Schnee auf einer glühenden Herdplatte. Das einzige, was mich noch am Fels hielt, war das Wissen, daß hinter der Ecke dort links oben ein Stand sein mußte, zumindest ein Mauerhaken, bei dem man sich ausrasten konnte. Alle Achtung vor Schwanda, der da als erster ins Ungewisse geklettert war. Nur noch ein Meter bis zur Ecke . . .
Hinter der Ecke gab es keinen Stand, steckte kein Mauerhaken! Hinter der Ecke war ebenfalls alles glatt! Ohne Zwischenhaken baumelte mein Seil etwa fünfundzwanzig Meter frei durch die Luft. Und ich war so ziemlich am Ende meiner Kräfte. Ein kleiner Tritt von der Größe einer Postkarte hätte mir genügt, um mich zu erholen. Aber es gab nur glatten Fels, auf den der Regen schlug – und einen verbissenen Burschen, der justament nicht fünfzig Meter weit durch die Luft fliegen wollte.

Während sich meine rechte Hand an einer winzigen Felsschuppe verkrallte, löste ich mit der Linken meinen einzigen Mauerhaken von der Brustschlinge, steckte ihn in einen Spalt unter dem Dachüberhang . . . ich spürte, wie mein linker Fuß von dem Reibungstritt abzugleiten begann . . . und holte den Hammer hervor, zog ihn mit den Zähnen höher, schlug einmal, zweimal auf den Haken, hängte einen Karabiner ein, zog das Seil durch, und klopfte noch einige weitere Male auf den Haken.
Es war natürlich nur ein moralischer Haken. Ich wagte nicht, an ihm zu rütteln, um zu erproben, ob er eventuell auch einen Sturz halten könnte. Ich wagte nicht einmal, ihn scharf anzuschauen. Vor allem aber so schnell wie möglich von hier weg! Nur ein Spreizschritt nach links konnte mich von hier wegbringen. Normalerweise braucht man zu einem Spreizschritt einen Tritt, von dem man wegsteigt, und einen Tritt, zu dem man hinsteigt. Ich aber hatte keinen Tritt zum Wegsteigen und keinen Tritt zum Hinsteigen. Ich weiß nicht, wie ich dann doch noch ein Fleckerl Fels erreichte, wo es wieder Tritte gab.
„Ja, sag einmal, woher kommst denn du?“ fragte mich Franz erstaunt, als er mich weit links von seinem Standplatz im Nebel auftauchen sah.
„Von dort, wo du Nilpferd mich hingeschickt hast!“ fauchte ich zurück.
„O je. Sei nicht bös. Ich habe links und rechts verwechselt. – Irren ist menschlich!“
Irren ist menschlich! Es hätte nicht viel gefehlt, und ich wäre irrtümlicherweise etwa fünfzig Meter weit durch die Luft geflogen. Jetzt mußten Fritzerl und Herbert ebenfalls irrtümlicherweise über diese riskante Platte nachklettern. Und ich klebte an der Wand und konnte nicht einmal einen

Standhaken schlagen zum Nachkommenlassen, weil ich keinen hatte. Irren ist menschlich. Mir kam vor, wir wären allesamt an diesem Tag schon ein wenig zu menschlich gewesen. Es gab auch kein Felsköpferl, um das ich das Seil zum Nachsichern hätte legen können. Ich begann, mit dem Kletterhammer einen Sicherungszacken aus dem Fels zu schlagen. „Hast du was dagegen, wenn wir weitergehen und schauen, ob es aus dieser Mausefalle noch irgendwo einen Ausweg gibt?“ fragte Schwanda. „Ich habe schließlich um acht Uhr meinen Vortrag in Tirol!“
So ein Bergvortrag ist immer eine schöne Sache. Man sieht schöne Bilder und hört schöne Worte. In Vorträgen geraten die Bergsteiger nicht in Mausefallen, sondern machen nur Varianten und Wegverbesserungen. Sie stehen nicht nur vor einem aufmerksam lauschenden Publikum, sie stehen auch immer über der Situation. Auch Schwanda wäre jetzt schon gerne über der Situation gestanden und nicht mitten in ihr!
Nach einer halben Stunde hatte ich endlich, endlich einen Zacken aus dem Fels geschlagen, über den ich das Seil legen konnte. Fritzerl und Herbert konnten nachkommen. Fünfzig Meter ober mir krabbelten Schwanda und Franz herum und kamen nicht weiter.
„Versuche es links an der Kante!“ schrie ich hinauf.
Später hat mir Schwanda erzählt, wie das war, als er an die Kante hinausstieg. An splittrigen Griffen war er gequert. Unter ihm brach die Wand senkrecht ab. An Ausgesetztheit gewohnt, hätte er trotzdem vor Schreck bald die eigene Zunge verschluckt, als er die Kante erreichte.
Unter ihm wölbte sich der Fels weit nach innen. Der Nebel hatte etwas aufgerissen, und durch ein Nebelloch sah er viele hunderte Meter unter seinen Füßen einen dunkelgrünen Fleck – den Spiegel des Altausseer Sees.

„Wir müssen es doch rechts versuchen!“ rief Schwanda zu mir herab. Von meinem Standplatz aus sah ich rechts nur Überhänge. Aber vielleicht gab es einen Schleichweg durch diese Überhänge. Wenn es keinen gab, dann war unsere Mausefalle endgültig zugeschnappt.
Zwischendurch machte ich Fritzerl immer wieder darauf aufmerksam, daß sie wohl gut gesichert sei - daß sie aber auf keinen Fall fliegen dürfe. Sie flog nicht. Auch Herbert flog nicht. Nur Schwanda rief da irgendwo ober uns, daß er nun bald fliegen würde. Kaum hatte ich diese Ankündigung gehört, stieß ich einen Freudenjodler aus. Schwanda hatte vom Fliegen geredet - jetzt war alles in Ordnung! Wenn andere Leute sich wohl in ihrer Haut fühlen, dann lachen und jubeln sie - nur mein Freund Schwanda fängt dann stets zu jammern an. In den vergangenen Stunden hatte Schwanda stillschweigend an brüchigen Grashalmen Klimmzüge gemacht, war stumm über Seifentritte dahingeschlittert, war, ohne zu klagen, im Nebel zu Kaminen emporgeklettert, die sich dann beim Näherkommen als schwarze Wasserstreifen in praller Wand entpuppt hatten. Jetzt jammerte er zum ersten Male wieder. Nun war alles in Ordnung. Es gab einen Ausweg aus unserer Mausefalle!
„Hast du etwas dagegen, wenn wir nicht auf euch warten?“ rief Schwanda zu mir herab. „Du weißt ja: um acht Uhr habe ich einen Vortrag!“
In diesem Vortrag wird Schwanda wahrscheinlich kein Wort davon erzählen, wie klein und schwach manchmal ein Bergsteiger am Berg werden kann. Es ist üblich, daß sich Bergsteiger vor der Öffentlichkeit zu Idealfiguren machen, für die es keine ernsten Hindernisse gibt, keine Diskrepanz zwischen ihrem eisernen Willen und ihrem Gipfelglück, keine Mausefallen, nichts. Und doch stelle ich mir vor, auch im

Mäusereich gelten nicht jene Mäuse als Helden, sind jene Siegfried oder Herkules, die noch nie in eine Mausefalle gerieten, sondern gerade jene, denen es gelang, noch einmal aus einer Mausefalle zu entkommen.

Als wir drei den Gipfel erreicht hatten, waren Schwanda und Franz schon längst unterwegs. Wir hatten keinen Vortrag in Tirol und konnten daher eine Gipfelstunde halten. Es war eine gespenstische Gipfelstunde. Die Nebel wogten, rissen auf und schlossen sich wieder. Wir sahen durch ein Wolkenloch unter uns ein Stück vom Ausseer See, manchmal etwas von der öden Hochfläche des Toten Gebirges. Noch immer war die Landschaft düster und unheimlich. Wir hielten es darum auch keine Stunde auf diesem Gipfel aus. Wir folgten dem rotmarkierten Normalweg, der sich durch die schier endlosen Latschenfelder der Hochfläche schlängelt. Nach etwa einer halben Stunde stellten wir fest, daß unsere Richtung nicht stimmen konnte. Wir kamen immer weiter in die Hochfläche und nicht dem Tale näher.

„Dann war wahrscheinlich doch das der richtige Weg, der gleich nach dem Gipfel rechts abgezweigt ist!" sagte Fritzerl triumphierend.

„Waaas? Ein Weg ist nach rechts abgezweigt? Warum hast du das nicht gleich gesagt?" tobte ich.

„Du bist doch der Führer! Du bist doch vorangegangen!"

Immer noch wird auf dieser Welt geglaubt, daß der alles besser weiß, der vorangeht! Und immer noch folgt man ihm auch gutgläubig in die wüstesten Latschenfelder. Der Weg, auf dem wir uns befanden, führte wahrscheinlich über die Hochfläche zum Appelhaus. Wir hatten uns gründlich verhaut. Schwanda durfte das auf keinen Fall erfahren. Er saß jetzt schon unten im Tal beim Bier oder im Auto. Er würde sich freuen wie ein Schneekönig beim ersten Schnee, wenn er erfuhr, daß wir uns auch noch auf dem Normalweg verhaut hatten. Ich wurde wütend, wenn ich an Schwanda dachte, der jetzt schon gemütlich irgendwo unten im Tale saß.

„Schau, dort kommen zwei! Die können wir fragen, wo der Weg ins Tal führt!“ rief Herbert. Tatsächlich: Weit in der Ferne konnte man auf einem Hügelrücken zwei Punkte erkennen, die sich uns langsam näherten. Ab und zu verschwanden sie in einer Bodenwelle oder im Nebel. Wir wollten trotzdem auf sie warten.

„Mich trifft der Schlag! Schwanda und Franz!“ rief da Fritzerl. Schwanda und Franz! In Sekundenschnelle disponierte ich: Schwanda und Franz durften nichts erfahren . . . wir waren ihnen nur entgegengegangen, um sie wieder auf den rechten Weg zurückzuführen.

„Hallo, wie kann man sich nur so verhauen?“ rief ich Schwanda schon von weitem zu. Beide waren verstört. Nicht nur eine halbe, ganze eineinhalb Stunden hatten sie den Weg über die Hochfläche verfolgt, bis ihnen aufgedämmert war, daß sie in der falschen Richtung gingen.

Als sie unsere Bergkameradschaft allzu eifrig priesen, fragte mich Herbert, von Reue gepackt, ob wir die beiden nicht doch aufklären sollten. Ich aber war gegen jede Aufklärung. Sehr selbstsicher stolzierte ich voran und hielt Ausschau nach dem abzweigenden Weg, den Fritzerl vorhin bemerkt hatte, vom zerrauften Scheitel bis zu den leicht brennenden Fußsohlen ganz ein Führer, der den rechten Weg weiß.

Es war jetzt sechs Uhr abends, und um acht Uhr hatte Schwanda seinen Vortrag in Tirol. Wenn wir in einer Stunde Altaussee erreichten, und wenn sich Schwanda sofort in sein Auto setzte und losbrauste, konnte er, allerdings mit einer

Stunde Verspätung, den Vortrag noch halten. Wenn, ja, wenn wir in einer Stunde in Altaussee waren!

Es war dunkel, und der dunkle See lag noch immer tief unter uns. Wir rannten mit der Uhr um die Wette. Aber die Uhr war schneller als wir, und es war acht Uhr abends, als wir Altaussee erreichten.

Um acht Uhr abends hatte Schwanda seinen Vortrag in Tirol, hundertfünfzig Kilometer weit weg von hier. Aber der Vortragende war noch nicht da. Das Publikum saß jetzt schon im Saal versammelt.

Das war natürlich überaus peinlich.

„Der Mensch lebt auf dieser Welt nur einmal und muß seine Zeit nützen!" hatte uns Schwanda am Morgen gesagt, als wir zur Trisselwand gezogen waren. Das war der alte Bergzigeuner gewesen, dessen Blut unruhig wird, wenn er am Fuße steiler Wände vorbeikommt.

Er hatte geglaubt, daß die Trisselwand nur eine gemütliche Vormittagstour sei - und er hatte sich geirrt. Man irrt sehr oft in den Bergen. Irren ist menschlich. Aber manchmal gerät man in den Bergen auch irrtümlicherweise in Mausefallen. Und dann ist man heilfroh, daß man sich daraus überhaupt retten kann.

Aber an das dachte das Publikum ganz bestimmt nicht, das ungeduldig auf das Erscheinen seines Vortragenden wartete. Es war gekommen, um einen Bergvortrag zu hören, und nun ließ der Vortragende auf sich warten.

Die Wellen des Ausseer Sees schlugen leise gegen das Ufer, und aus dem See ragte die Trisselwand still und stumm in den Nachthimmel. „Wegen dieser blöden Wand habe ich meinen Vortrag versäumt!" schrie Schwanda in das Dunkel der Nacht. Aber kaum war Schwandas Schrei verklungen, war auch schon wieder die Stille da. Gegen diese Stille gab es

kein Aufbegehren. In diesem Dunkel der Nacht verklangen alle Worte. Aber aus diesem Dunkel und aus dieser Stille kamen tausend Stimmen, lockende Stimmen, die Menschen immer wieder aus dem Alltag reißen und einige davon zu ruhelosen Bergzigeunern machen.
Hundertfünfzig Kilometer weit von uns wartete an diesem Abend das Publikum vergebens auf einen der Bergzigeuner.

Verrückt nach den Bergen

Unfallkrankenhaus Schladming. Zehn Uhr abends.

Dem Michl soll eine ausgerenkte Schulter wieder eingerenkt werden. Das ist bekanntlich eine harte Sache, für den Patienten wie auch für den Arzt . . .

Der Arzt wollte Michl ablenken und sagte: „Erzählen Sie mir etwas! Wie war es am Dachstein?“ Und dann begann er seine Schwerarbeit.

Michl nachher: „Natürlich wußte ich, daß mich der Arzt nur ablenken wollte, daß es ihm piepschnurzegal war, wie es bei uns am Dachstein war. Aber ich habe trotzdem erzählt. Ich hab' nichts Besseres zu erzählen gewußt!“

Michl hatte also erzählt, daß wir am Fuß der Dachstein-Südwand biwakierten. An der Waldgrenze luden wir noch viel Brennholz auf, weil wir am Abend ein Kesselgulasch kochen wollten. Bergsteiger, denen wir unterwegs begegneten, fragten uns, ob wir die Absicht hätten, mit dem vielen Holz den Dachstein zu verbrennen.

Außerdem schleppten wir noch vier Liter Wasser mit. Wir wollten nach dem Gulaschessen keinen Durst leiden. Nachdem wir zwei schöne Biwakhöhlen gefunden hatten, leerten wir das mitgebrachte Wasser aus, denn nur zehn Meter von unseren Biwakhöhlen entfernt gab es einen rauschenden Wasserfall. Am nächsten Morgen, als wir uns um halb vier

Uhr früh Tee kochen wollten, war der Wasserfall nicht mehr da! Das Schmelzwasser war in der Kälte der Nacht versiegt. Wir mußten also Schnee auf dem Feuer schmelzen (das dauert, das dauert!), um Wasser zu bekommen.
Ich weiß nicht, was der Michl dem Arzt noch erzählt hat, während dieser an seiner Schulter arbeitete.
Vielleicht davon, wie am späten Abend der Nebel kam und unser Feuer das einzige Licht in einer finsteren Welt war? Oder vom Klettern in der Dachstein-Südwand bei strahlendem Sonnenschein am Sonntag?
Nach der Dachstein-Südwand waren Anderl und Michl davon überzeugt gewesen, daß ein Abstieg über die Dachsteinwarte-Südwestwand der beste und kürzeste Abstieg sei. Und auf dem Schneefeld am Fuß der Wand ist dann der Michl ausgerutscht, ist pfeilschnell das Schneefeld hinuntergesaust, hat zu bremsen versucht, was ihm auch gelang. Aber als er dann endlich in einer Querspalte des Schneefeldes liegenblieb, hatte er eine ausgerenkte Schulter.
„Seid mir nicht bös deswegen!“ sagte er, als wir zu ihm kamen.
Peter Perner, der Hüttenwirt der Dachstein-Südwand-Hütte und Erstbegeher der Dachstein-Südwand-Direttissima, klemmte dem Michl zwischen Körper und Arm einen Schlafsack, um dadurch die Schmerzen etwas zu lindern.
„Traust du dich, einen ausgekegelten Arm wieder einzurenken?“ fragte er mich mitten auf dem Unglücksschneefeld.
„Nein“, antwortete ich. „Ich trau mich auch nicht“, sagte Peter Perner. „Aber wenn jetzt jemand da wäre, der das könnte, würde es fast schmerzlos sein. Nach einigen Stunden wird der arme Teufel beim Einrenken wahnsinnige Schmerzen erleiden müssen . . .“
Wir standen am Fuß der Dachstein-Südwand. Peter Perner

und sein Kamerad Leo Schlömmer hatten in vierzehn Klettertagen etwa 200 Haken (davon 23 Bohrhaken) geschlagen, um diese Wand „direkt“ zu bezwingen. Aber hier, am Fuß „seiner“ Wand, mußte auch ein Peter Perner bekennen, daß es Dinge im Leben gibt, die man sich „nicht traut“.
Der Arzt in Schladming brauchte zwanzig Minuten, um Michls Gelenk wieder einzurenken. Nachher standen ihm die Schweißtropfen auf der Stirn.
Michl war sehr bleich und zugleich sehr lebhaft durch die schmerzstillenden Beruhigungstabletten, mit denen man ihn gefüttert hatte. Er sagte: „Schade, schade, daß man von hier aus nicht die Dachstein-Südwand sehen kann. Das wäre der schöne Abschluß eines schönen Tages gewesen!“
Der Abschluß eines schönen Tages . . . nach einem Absturz, nach einer so schmerzhaften Behandlung?
Wer noch nie das Bergsteigen mit Leib und Seele betrieben und erlebt hat, wird weder den Michl verstehen können noch die Männer, die vierzehn Tage lang in eine Felswand 200 Mauerhaken schlugen. Er muß solche Menschen für verrückt halten.
Das sind sie auch! Verrückt nach den Bergen . . .

Nacht über den Bergen

Kleine Kinder (und manchmal auch große) fürchten sich vor der Nacht. Dichter nennen die Nacht gern „geheimnisvoll“. Ich kann bis heute nicht ohne leises Gruseln an eine Nacht an der Spritzkarspitze im Karwendel zurückdenken . . .

Mit drei Mädchen war ich in den „Schiefen Riß“ der Nordwand eingestiegen. Ich wußte damals nicht, daß der „Schiefe Riß“ zu den gemiedenen Karwendel-Freiklettereien gehörte und seit seiner Erstbegehung kurz nach der Jahrhundertwende bis 1947 erst elf Begehungen hatte. Hätte ich es gewußt, wäre ich nie mit drei Mädchen (von denen zwei Anfängerinnen waren) in die Wand eingestiegen. Wir erreichten erst in der Dämmerung den Gipfel, und dann beim Abstieg überfiel uns ein Gewitter.

Wir hockten in einer Felsnische und fürchteten uns. Die grellen Blitze . . . das Krachen des Donners . . . das Rauschen des Regens . . . der uns unbekannte Abstieg. Aber laut durfte ich mich nicht fürchten. „Das Gewitterl wird bald vorbei sein“, sagte ich daher. Das Gewitterl!

„Und der Abstieg?“ fragte Lisl.

„Der ist kein Problem! Der Weg ist gegeben!“

In Wirklichkeit war nichts „gegeben“. Ich wußte nur so ungefähr die Abstiegsrichtung – und das ist verdammt wenig,

wenn es Nacht wird und Berg und Himmel zu einem einzigen großen Dunkel werden.
Der Regen hörte auf, und wir stiegen weiter ab. Langsam, sehr langsam. Wir hatten den ganzen Tag nichts gegessen, nichts getrunken, kaum gerastet.
Ich stand am Rande eines Abbruchs und sicherte die Mädchen hinab. „Und wohin soll ich jetzt klettern?" fragte Lisl dreißig Meter unter mir in der Wand.
Tja, wohin soll Lisl klettern?
„Klettere nach rechts!" sagte ich so überzeugend wie die heutigen harten Fernseh-Werbemänner sagen: „Nimm Strychnin und du fühlst dich wohl!"
„Rechts? Da ist ein Überhang unter mir!"
„Wenn ich rechts sage, dann meine ich immer links", sagte ich laut und dachte dabei, daß dieses Herumtappen im Finstern natürlich vollkommen sinnlos sei und wir nun doch biwakieren müßten.
Da zerriß der Wind die Wolken, und es leuchtete der Mond. Vollmond!
Von diesem Augenblick an sah die Welt ganz anders aus. Sie war nicht mehr dunkel, sondern silberhell. Zehn Minuten später standen wir alle am Fuß der Felswand.
Wir rannten das Kar hinab, das vor einer Rinne endete, die links und rechts von dichten Latschen umgeben war. Wir stiegen durch die Rinne ab.
Der Mond leuchtete uns, und wir waren nicht mehr müde, nicht mehr hungrig und nicht mehr durstig. Ein unendliches Glücksgefühl war in uns. Die Mädchen, die noch vor einer halben Stunde still durch das Dunkel gestolpert waren, redeten jetzt alle gleichzeitig.
Ein herrlicher Rausch hatte uns alle erfaßt. Mondsüchtig . . . was ist ein Mondsüchtiger? Der Mensch ist auf

dem Mond gelandet. Aber wissen wir, wie der Mond auf einen mondsüchtigen Menschen wirkt? Heute weiß ich, daß wir damals an der Spritzkarspitze alle auf irgendeine Art mondsüchtig waren.
Ich stand vor einem Abbruch der Rinne. Drei Meter hoch schätzte ich ihn. In meinem Glücksgefühl dachte ich nicht einen Augenblick daran, diesen Abbruch abzuklettern.
„Kinder, jetzt müssen wir springen!" rief ich den Mädchen begeistert zu.
„Ich mag nicht springen!" sagte Gretel trotzig wie eine Gretel nach dem zweiten Glas Wein. „Ich bin eine Bergsteigerin und keine Bergspringerin!"
Keines der Mädchen wollte springen. Sie zogen rechts durch eine Latschengasse ab.
Ich stand allein vor dem Abbruch, wollte springen . . . diese drei Meter . . . höchstens vier Meter . . .
. . . und sprang dann doch nicht. Und das nur aus dem einen Grund: Weil es mich allein nicht freute. Diese Mädchen! Diese dummen Gänse! Jeden Spaß müssen sie einem verderben! Ich war zehn Sekunden lang wirklich wütend. Dann nicht mehr. Der Mond! Der Vollmond!
Wer kann bei Vollmond wütend sein?
Am nächsten Morgen stiegen wir vom Engwirtshaus (das wir dann doch noch irgendwann nach Mitternacht erreicht hatten) wieder zur Falkenhütte auf. Es war ein klarer, kalter Morgen. Ein Hirt stand am Wegrand und fragte uns, ob wir die vier vom „Schiefen Riß" seien. Dann stellte er sich vor: „Und i bin der, der euch den ganzen Tag zuagschaut hat!"
Wir blickten hinauf zur dunklen Nordwand. Gut schaut sie aus! Meine Augen suchten auch unseren Abstiegsweg . . . dort ist das Kar . . . dort die Rinne . . . und in der Rinne der Abbruch, über den ich hinunterspringen wollte . . .

Jetzt sah ich alles ganz genau, und das Gruseln dieser Sekunde ist mir – wie schon gesagt – bis heute erhalten geblieben. Jetzt sah ich alles ganz genau . . . der Abbruch, über den ich Mondsüchtiger und vom Mondlicht Getäuschter hinunterspringen wollte, war mindestens fünfzig Meter hoch, mindestens fünfzig Meter!
„Nacht ist wie ein stilles Meer." Mit diesen sanften Worten beginnt Eichendorffs Gedicht „Die Nacht". Aber die Nacht erregt seltsame Wünsche und Gedanken:

> Wer erkennt im lauen Wind
> Ob's Gedanken oder Träume?

Nie wird sich der Mensch der Verzauberung durch die Nacht entziehen können. Ich habe viele Tage am Berg verbracht und eigentlich nur wenige Nächte. Von den Tagen habe ich viele vergessen, doch keine Nacht, keine!

Bergurlaub – zwischen Marillen und Birnen

Donnerstag: Abfahrt 21 Uhr 50 von Wien-Westbahnhof nach Bludenz.
„Ich kann's eigentlich gar net glauben, daß ich im Zug sitz!" sagte Fritzerl.
Bis fünf Uhr nachmittags hatte sie Marillen eingekocht. Zwanzig Kilogramm reife Marillen kann eine Hausfrau nicht verfaulen lassen. Nachher sah Fritzerl nur noch gelb.
Es läutete. Vor der Tür stand Frau Woditschka – mit einem Kübel Marillen in der Hand . . . „Sie haben doch vor einigen Tagen bei mir angefragt, ob Sie Marillen haben könnten . . . heute bin ich endlich zum Pflücken gekommen!" – Worauf Fritzerl dann noch einige weitere Stunden damit beschäftigt war, auch diesen Kübel voll Marillen zu Kompott zu verarbeiten.
„Kleine Erfrischung gefällig?" fragte ich Fritzerl im Zug und hielt ihr ein Säckchen hin. Klar, daß auch darin Marillen waren.

Freitag: Von Bludenz mit der Montafonbahn nach Vandans. Von dort Aufstieg zur Heinrich-Hueter-Hütte.
Auf einer vom Verkehrsverein Vandans gestifteten Bank saßen zwei ältere Damen und waren empört. „Diese arme

Frau . . . dieses brutale Mannsbild . . ." Fritzerl war die arme Frau und ich das brutale Mannsbild.
Fritzerl hatte die Rucksäcke gepackt. Einen Damenrucksack mit Damensachen, wie Wäsche, Zahnbürstel, Daunenschlafsack. Und dann einen Herrenrucksack mit Herrensachen, wie Seil, Mauerhaken, Konserven . . .
„Konserven gehören eigentlich ins Reich der Frau!" hatte ich protestiert. Worauf ich von Fritzerl aufgeklärt wurde, daß die schweren Blechbüchsen selbstverständlich zum Mann gehören - der Mann, der Ernährer der Familie! Jedenfalls war mein Rucksack so schwer, daß man sich das Handgelenk verbog, wenn man nur den Versuch machte, ihn zu heben. Fritzerls Rucksack hingegen sah zwar so groß aus wie der Luftballon bei einer Wiener Nobelfirmung, war aber auch ebenso leicht.
„Einen solchen Rucksack hätte mich mein Gustav nie tragen lassen . . . außerdem hätte ich ihn gar nicht getragen!" - Ich spürte, wie die Blicke der beiden Damen noch lange in meinen Rücken tiefe, tiefe Löcher bohrten.

Samstag: Zimba-Überschreitung. Ostgrat im Aufstieg, Westgrat im Abstieg.
Zimba... Zauber.. Zimba... Bevor ich ein Bild von diesem Berg sah, war ich schon von seinem Namen bezaubert. Zimba . . . ein Name aus uralter Zeit . . . Zimba . . . welche Melodie in einem Wort! „Dieser elende Dreckhaufen!" fluchte ich jedoch, als wir an dem Zimba-Zauberberg beim Zustieg zum Ostgrat in einer steilen Schiefer-Schlammwand standen und mit den Händen Griffe bohrten und mit den Fußspitzen Stufen in den Schlamm stießen. Und das alles mit dem Gefühl: nur einmal temperamentvoll die Stirne runzeln und schon geht es auf dieser Rutschbahn dahin.

Noch am Morgen hatte es geregnet, und der Schieferbruch war glitschig wie Seife.
„Fritzerl!" rief ich begeistert. „Da hast du einen schönen Griff!" Der schöne Griff war das Einstiegsloch eines Murmeltierbaues. Ich steckte meine Hand hinein und zog mich hoch. Etwas zaghaft allerdings. Ich hatte noch zu wenig Training im Klettern an Murmeltierbau-Griffen.
Fritzerl wollte ihren eigenen Weg gehen. „Ich quere nach rechts zu dem Gras! Saftiges Gras ist etwas Solides zum Anhalten . . ." Das saftige Gras war jedoch kein Gras! Fritzerl stand in einer steilen Bergdistelwand und wußte nicht, was sie zuerst machen sollte, sich anhalten oder die Distelstacheln aus den Fingerspitzen ziehen.
Zimba . . . Zauber . . . Zimba . . .
Den Zauber der Zimba erlebten wir erst beim Abstieg über den Normalweg. Dabei mußte ich immer an den Herrn Kuzel denken. Herr Kuzel war Kaufmann aus Leidenschaft. Er kannte das Geschäft, er kannte seine Kunden. Immer gibt es Leute, die das Bessere wollen. Wenn Herr Kuzel einen Sack Äpfel geliefert bekam, machte er sofort zwei Sorten daraus: bessere und billigere. Die besseren Äpfel gingen immer besser weg. Aber es war die gleiche Sorte wie die billigen Äpfel. So ist es auch manchmal am Berg: der schwierigere Anstieg ist nicht immer der bessere.

Sonntag: Saulakopf durch den Saulakamin.
Rudi – ein Heeresbergführer.
Traudl – ein blondes Mädel aus Bregenz.
Mit Rudi und Traudl kletterten wir durch den Saulakamin an einem brennheißen Tag. „Es folgen ununterbrochen Kaminabsätze, die fast ausnahmslos oben durch Klemmblöcke versperrt sind", heißt es im Führer. Jeder Klemmblock war

ein Überhang, und Überhänge kosten immer Kraft und Schweiß.
„Pfui Teufel! Freue ich mich heute schon auf einen Kopfsprung in den Bodensee!“ sagte Rudl. Wir standen unter der Platte. Fritzerl ging voran, blieb aber immer wieder stehen . . . „Ist es so schwer?“ fragte ich.
„Nein, nur so schön! Da vergißt man beim Schauen aufs Klettern!“
Fritzerl und ich wollten den Nachmittag dieses Tages auf der Wiese vor der Hütte verbringen. „Darum beneide ich euch jetzt schon“, sagte Traudl.
Um zwölf Uhr mittags saßen wir wieder in der Hueterhütte beim Mittagessen. Und um ein Uhr lagen Fritzerl und ich vor der Hueterhütte im Gras - wie wir es gewollt hatten.
Das Gras rings um die Hueterhütte ist saftig und weich. Man kann darin auf dem Rücken liegen und Löcher in die Luft schauen, man kann aber auch auf dem Bauch liegen und hinaufblicken zum Weg aufs Zimbajoch.
Das ist ein besonderer Genuß: Im weichen Gras zu liegen und anderen Leuten zuzuschauen, die in glühender Hitze über einen steilen, steinigen Pfad absteigen. Zwei hatten wir gerade beobachtet, bis sie in der Mulde am Fuß des Geröllfeldes verschwunden waren . . .
„Ich seh schon wieder einen!“ rief Fritzerl. Ein kleiner Punkt hoch oben am Weg bei der letzten Serpentine. Dieser Punkt bewegte sich nur langsam tiefer, blieb sehr oft stehen . . . ein besonders müder Wanderer.
Nach einer Viertelstunde hatte der Wanderer zwei Serpentinen geschafft. „Bis der herunten ist, ist auch unser Urlaub zu Ende“, sagte ich. Fritzerl jedoch war beunruhigt . . . „Vielleicht hat sich der Arme den Fuß verstaucht? Vielleicht braucht er Hilfe?“

Jetzt freute uns das Liegen im Gras nicht mehr. Nachdem der Wanderer in der nächsten Viertelstunde wieder nur zwei Serpentinen geschafft hatte, gingen wir ihm entgegen. Zickzack . . . den steilen Weg hinauf zum Zimbajoch und bis auf Rufverbindung zu dem Wanderer, der wieder einmal rastete . . .

„Sind Sie verletzt?"

„Bin nicht verletzt! Habe nur neue Schuhe an, die furchtbar drücken!"

„Jetzt kann von mir aus die Welt auseinanderfallen - ich rühr mich von diesem Platzerl nimmer weg", knurrte ich verbittert, als wir uns eine Stunde später ins Gras warfen. Nun, die Welt fiel nicht auseinander, dafür kamen die Kühe, die es ganz genau wissen wollten, wer da auf ihrer Gemüseplatte lag. Und jede dieser Kühe hatte einige hundert Fliegen auf ihrer Haut - und auch diese Fliegen waren neugierig! Für eine Viertelstunde war ich Don Quichotte: Ich kämpfte mit Kühen und Fliegen. Den Kampf gegen die Kühe gewann ich. Den Kampf mit den Fliegen verlor ich. Sie umschwirrten weiter unseren Liegeplatz. Also rollten wir unsere Schlafsäcke wieder zusammen, gingen zur Hütte und putzten dort unsere Schuhe.

Zu dieser Zeit lagen Traudl und Rudl wahrscheinlich schon am Bodenseestrand. Viel Betrieb an einem heißen Badesonntag. Und das Bergmädel Traudl sagte wahrscheinlich zu Rudl: „Herrgott, beneide ich jetzt das Fritzerl und den Charly um ihren romantischen, stillen Sonntagnachmittag da oben auf der Bergwiese!"

Montag: Hueterhütte - Lindauer Hütte über die Salonienalm.

Neben der Lindauer Hütte gibt es einen Alpengarten. Wir

ließen unsere schweren Rucksäcke fallen – und schon war Fritzerl weg. Im Alpengarten. Sie liebt nämlich Blumen über alles . . .
Ich hatte an diesem Tag von Blumen genug. Bei unserem Übergang waren wir in eine fast senkrechte Wiese geraten, in der uns die Flora fast ins Maul wuchs.
In dem Alpengarten neben der Lindauer Hütte arbeitete ein Botaniker aus Lindau, der von allen Pflanzen nicht nur den deutschen, sondern auch den lateinischen Namen wußte.
„Fritzerl – das ist sie, die Kleine-Sulzfluh-Westwand mit der Neumann-Stanek-Route!“
„Entschuldige mich einen Augenblick! Ich muß fragen, wie diese weiße Blume heißt!“
Und Fritzerl fragte nach allen weißen, blauen, roten und gelben Blumen, die sie noch nicht kannte. Ich setzte mich auf einen Felsblock inmitten des Alpengartens und begann einen Krimi zu lesen . . . Mickey Spillane: „Ich gab ihm keine Chance. Lediglich mein Arm bewegte sich, und bevor er seine Waffe aus der Tasche gezerrt hatte, war mein 45er entsichert und gespannt auf ihn gerichtet. Eine letzte Sekunde blieb ihm, um festzustellen, wie es ist, wenn man stirbt. Dann schoß ich ihm den Ausdruck glatt aus dem Gesicht.“
„Eigentlich könntest du auch etwas arbeiten, statt Krimis zu lesen!“ meinte Fritzerl.
Arbeiten – das hieß in diesem Fall Unkraut ausrupfen. Ich begann also zu rupfen . . .
Der Alpengarten hat viele Besucher, und als ich so das Unkraut ausriß, glaubten einige von ihnen, daß ich ebenfalls ein Botaniker sei. „Bitte, können Sie mir sagen, wie diese Blume heißt?“
Ich wußte es natürlich nicht. Und das ärgerte mich . . . so wie es jeden Menschen ärgert, wenn er um etwas gefragt

wird, was er nicht weiß. Nach einem Dutzend verlegen gemurmelten „Ich weiß es nicht!" beschloß ich, einen alten Witz an den Mann zu bringen ... Der Mann fragte mich nach einem hochstengeligen Kraut. Ich antwortete: „Bin ka Botanika!" Das ist wienerisch und heißt auf gut deutsch: „Ich bin kein Botaniker!" Wenn man es aber schnell sagt, dann klingt es sehr lateinisch ... „Pinca botanika" ... „Danke schön!" sagte der Mann und ging mit dem Gefühl weiter, wieder einmal etwas gelernt zu haben.

Dienstag: Kleine Sulzfluh-Westwand, Neumann-Stanek-Führe.

Die Riesenplatte der Neumann-Stanek-Führe war naß, weil es die ganze Nacht geregnet hatte. Von den Dachüberhängen über die Riesenplatte rieselte das Wasser in Mini-Wasserfällen herab.

„Siehst ihn schon?" fragte Fritzerl.

„Ich seh ihn noch nicht! Aber da links oben muß er sein!"

Er – der große Ausstiegsüberhang der Neumann-Stanek-Führe, der von der Lindauer Hütte aus wie eine große Warze auf glatter Haut aussieht.

Vor ungefähr zehn Jahren hatte mir ein junger Innsbrucker Kletterer von diesem Überhang erzählt ... „Beim ersten Hakerl hängst du noch an der Wand. Aber jedes weitere Hakerl bringt dich immer weiter hinaus in die Luft. Den Gästen der Lindauer Hütte kannst du dann von oben her in den Suppenteller schauen!"

Das wollte ich auch einmal erleben. Den Gästen der Lindauer Hütte von oben her in den Suppenteller schauen! Bergsteigerträume, verrückte, herrliche Bergsteigerträume!

Ungefähr zehn Jahre lang hatte ich also an diesen Überhang gedacht. Zehn Jahre sind eine lange Zeit. Man wird

älter . . . man glaubt, daß man noch immer derselbe ist, und ist es doch nicht mehr. Nur die Träume altern nicht. Sie bleiben jung.
Ich holte die Trittleitern aus dem Rucksack und knüpfte für Fritzerl eine Selbstsicherung. Ich trat vorsichtig auf die Platte unter dem Überhang, weil sie klatschnaß war. Dann hängte ich einen Karabiner in den ersten Haken.
Probebelastung. „Fritzerl, bitte Zug!" Der zweite Haken. Probebelastung. „Bitte Zug!" Dann hängte ich eine Trittleiter ein. Das Knie leicht abgewinkelt und den Oberkörper möglichst gerade gehalten – das spart Kraft und belastet den Haken beim Aufrichten in der Trittleiter am wenigsten. Der dritte Haken. Mit der rechten Hand griff ich nach der zweiten Trittleiter. Jetzt war jede meiner Bewegungen fast ein Reflex. Routine . . . alles Routine . . .
So ist das oft mit Träumen . . . man träumt und träumt . . . und verwirklicht dann die Träume mit Routine.
Beim Standhaken über dem Überhang mußte ich daher an die Glocken von Liechtental denken.
In der Liechtentaler Kirche in Wien war einst Franz Schubert Organist gewesen, und jeder Fremde wollte die Schubert-Orgel sehen. Das verstanden wir Ministrantenbuben nicht, weil wir von Schubert keine große Meinung hatten. Die traditionellen Schubertmessen, die in der Kirche gespielt wurden, bedeuteten für uns stets nur wunde Knie, weil sie so lange dauerten. Wir Ministranten waren daher gegen Schubert. Dafür waren wir in die Glocken unserer Kirche verliebt. Diese Glocken wurden damals noch „mit der Hand" geläutet. Und das war eine Kunst. Die „Segenglocke" war leicht zu läuten, die „Elferglocke" schon schwerer, die „Frauenglocke" noch schwerer, und am schwersten war die „Zwölfer" zu läuten.

Für jeden Ministranten von Liechtental war es der große Wunschtraum, einmal die „Zwölfer" läuten zu dürfen. Wer aber diese Glocke läuten durfte, das bestimmte Herr Fleihaus, der Mesner. Heute glaube ich, daß es leichter ist, einen Staats- oder Nobelpreis für irgend etwas zu bekommen, als damals von Herrn Fleihaus die Erlaubnis, die „Zwölfer" läuten zu dürfen.

Denn dieses Bimmelbammel der elektrisch betriebenen Glocken von heute hätte den nun schon lange verstorbenen Herrn Fleihaus wahrscheinlich schon um mindestens fünfzig Jahre früher ins Grab gebracht! Glockenläuten: eine Glocke muß zuerst sanft schwingen, dann immer stärker werden, bis der erste Ton erklingt, klingt, singt, anschwillt und zuletzt wieder stiller wird.

Für Herrn Fleihaus war Glockenläuten nicht weniger bedeutend als Schubertmusik.

Eines Tages durften Fred und ich die „Zwölfer" läuten (dazu waren nämlich zwei Mann nötig). Mit roten Gesichtern kamen wir aus der Glockenstube zurück. Glücklich! Herr Fleihaus sagte: „Es war ganz gut fürs erste Mal!" Und nach einer kleinen Weile meinte er: „Und jetzt? Welche Glocke werdet ihr jetzt noch läuten wollen? Wir in Liechtental haben keine ‚Dreizehner-Glocke'!"

Ich habe in der Glockenstube von Liechtental tatsächlich nie mehr dieses „Zwölferglocken-Glück" gefunden. Und ich habe auch später am Berg nie mehr das gleiche „Sechser-Glück" gefunden wie seinerzeit, nach meiner extremen Kletterei mit Trittleitern.

Fritzerl unter mir am Überhang bat um Zug – und ich gab Zug. Routine . . . alles Routine.

Man erlebt alles nur zum erstenmal, und jede Fortsetzung ist nur eine Wiederholung.

Mittwoch: Großer Turm über Sporaplatte und Stößerkante.
Ein alpines Märchen.

Es waren einmal zwei Bergsteiger, die noch daran glaubten, daß eine Bergfahrt, die im Führer mit dem vierten Schwierigkeitsgrad bewertet wird, tatsächlich eine Bergfahrt des vierten Schwierigkeitsgrades ist. Also zogen sie mit nur drei Karabinern auf diese Bergfahrt.

Und es war einmal ein Schutzengel, der wußte, daß in Wirklichkeit oft alles anders ist, ganz anders sogar. Als er nur die drei Karabiner klimpern hörte, war das keineswegs Engelsmusik in seinen Schutzengelohren.

Also spuckte er sich zunächst in die Hände (Bergsteiger-Schutzengel haben leider auch von ihren irdischen Schützlingen die rauhen Sitten angenommen) und schickte die zwei beim Zustieg zur Sporaplatte auf einen Verhauer. Dabei fanden diese am Einstieg ihres Verhauers zwei Karabiner.

Die Sporaplatte unter dem Großen und Mittleren Turm der Drei Türme paßt in dieses Märchen . . . ein Naturwunder, eine glatte, geneigte Felsplatte, die aussieht wie der asphaltierte Hauptplatz einer größeren Kleinstadt . . . nur, daß keine Autos darauf parken.

Auf dieser Platte liegt oben auch noch im Sommer Schnee. Winterschnee ohne feste Auflage. Jeden Augenblick kann sich so ein Schneebrocken von der Größe eines Vorzimmerkastens lösen, und das würde genügen, jeden Bergsteiger, der sich auf der Riesenplatte bewegt, gnadenlos in die Tiefe zu reißen.

Jeder Bergsteiger hat auf dieser Platte daher mehr oder weniger Angst. Unser Schutzengel sorgte dafür, daß seine Schützlinge mehr Angst hatten. Sie suchten daher immer gute Standplätze zum Sichern. Und dabei fanden sie noch einmal zwei Karabiner.

Nach dem Einstiegsriß der Stößerkante kamen die zwei Bergsteiger zu einem Mauerhaken mit einer soliden Abseilschlinge. „Komische Leute gibt es!" sagten sie. „Zuerst raufen sie sich den Riß hinauf und dann seilen sie sich wieder ab!"
Komische Leute? Keineswegs. Nur Leute mit einem weniger aktiven Schutzengel!
Denn gleich darauf standen die zwei Bergsteiger vor einer überhängenden Kante, in der sieben Mauerhaken steckten. Wer hat, der hat. Mit sieben Karabinern kann man in sieben Mauerhaken einhängen.
Oben im Kletterhimmel wischte sich ein Schutzengel, der seinen Schützlingen zu den vier fehlenden Karabinern verholfen hatte, den Angstschweiß von der Stirn. Er hoffte, daß seine Schützlinge nun nicht mehr daran glauben würden, daß eine Bergfahrt, die im Führer mit dem vierten Schwierigkeitsgrad bewertet wird, auch tatsächlich immer eine Bergfahrt des vierten Schwierigkeitsgrades sein muß. Er sagte: „Hoffentlich haben sie das jetzt kapiert, diese Rindviecher!" (Auch Schutzengel sind nur Engel. Und ein Schutzengel, der Bergsteiger zu betreuen hat, ist immer ein besonders armer Teufel!)

Donnerstag: Kleiner-Drusenturm-Südostwand.
Jeder Bergsteiger, der schon lange im Gebirge unterwegs ist, glaubt, daß er auch etwas vom Wetter versteht. Aber so abergläubisch sind sogar zünftige Meteorologen.
Die Meteorologen in Presse, Rundfunk und Fernsehen: „Ein Hoch über Erde, Sonne, Mond und Sterne."
Ein Bergsteiger, der schlaftrunken in den Morgen stolpert, kennt keine Hochstimmung. Er schläft noch immer. Ein Blick zum blauen Himmel macht ihn jedoch schon munte-

rer: „Das Wetter . . . wenigstens übers Wetter werden wir heute nicht klagen müssen!“

Auch über die Kleiner-Drusenturm-Südostwand gab es nichts zu klagen.

Fritzerl und ich kletterten in Wechselführung und jeder behauptete nach seiner Seillänge, daß diese die bisher schönste war.

In der Kaminverschneidung wollte Fritzerl bei der Gabelung den linken Riß packen. Ich lächelte überlegen: „Die Augen sind zum Schauen da, Kinderl. Siehst du nicht, daß der rechte Riß der bessere ist?“

„Vor dem rechten Riß graust mir“, sagte Fritzerl.

„Dann komm zurück!“

Fritzerl kam zurück. Ich kletterte hinauf . . . bis zur Gabelung und weiter durch den linken Riß.

„He“ rief Fritzerl auf dem Standplatz empört. Aber: Was soll ein Mann sagen, dem dann bei der Rißgabelung ebenfalls vor dem rechten Riß gegraust hat? Er sagt: „Ich wollte nur sehen, ob der linke Riß nicht doch zu machen ist.“

Und was soll ein Mann sagen, der schon den ganzen Tag hindurch den Schönwetterpropheten spielte und dem sich dann auf dem Gipfel plötzlich die Haare senkrecht aufstellen? Er sagt: „Das sind nur atmosphärische Spannungen!“ – wirft jedoch sofort die erst halb gerauchte Gipfelzigarette über die bezwungene Südostwand hinunter und schaut, daß er vom Gipfel wegkommt.

Als wir am Fuße des Kleinen Turms angelangt waren, schlug ein Blitz so kräftig in den Turm ein, daß ich zunächst nur das Wort „Nein!“ stammeln konnte. Gleich darauf begann ein Gewitterregen, der uns innerhalb einer Minute bis auf die Haut durchnäßte . . .

„Ich hab' gar nicht gewußt, daß man so etwas heute ‚atmosphärische Spannungen' nennt", sagte Fritzerl und wischte sich einen Himmelswasserfall aus dem Gesicht.

Freitag: Lindauer Hütte – Tschagguns – Besuch bei Walther Flaig – Aufstieg zur Stuttgarter Hütte in den Lechtaler Alpen.

Nach einer Regennacht folgte ein Regenmorgen.

Es regnete auch noch, als wir vor Walther Flaigs Haus in Bludenz standen. Walther Flaig, der Alpenschriftsteller, der Verfasser vieler Führer, der berühmte Bergsteiger. Er hatte sein Leben in den Bergen gelebt und war trotzdem ein alter Mann geworden, ein großer alter Mann der Berge.

Wir tranken Tee und sprachen über ein gemeinsames Lieblingsthema: die Beziehung des Menschen zu den Bergen in alter Zeit. Und dann nahmen wir wieder Abschied. Es regnete noch immer. Der Hausherr begleitete uns zur Haustür und winkte uns nach.

Wir wollten an diesem Tag noch zur Stuttgarter Hütte aufsteigen und am nächsten Tag den Rockspitze-Südpfeiler machen. „Das ist ein feiner Weg. Ich bin ihn oft gestiegen!" hatte Walther Flaig gesagt.

Jetzt war er ein alter Mann und konnte solche Wege nicht mehr gehen. Was dachte er, als er uns nachwinkte? War er traurig, weil er an seine vergangene Jugend dachte? Unter der Haustür stand ein stiller, gelassener Mann.

Durch eine einsame Gartenstraße gingen wir wieder zurück in die Stadt.

„Du siehst also, daß ich doch recht habe!" sagte Fritzerl. „Man kann alt werden und trotzdem noch immer Freude am Leben finden!"

Unser altes Streitthema: „Lohnt es sich, alt zu werden?"

Ich sagte: „Gehen wir jetzt Mittagessen!" – Der stille, gelassene Mann unter der Haustür hatte meine Überzeugung erschüttert, daß das Altwerden zum Häßlichsten und Gräßlichsten gehört, was einem Menschen auf dieser Welt zustoßen kann.

Samstag: Rockspitze-Südpfeiler.
Wir wußten nur, daß es in der nächsten Umgebung der Hütte eine Rockspitze geben sollte. Gesehen hatten wir sie weder am Vortag, an dem es geregnet hatte, noch an diesem Morgen, an dem es noch immer regnete. Wir setzten uns in die Gaststube und holten aus der Hüttenbibliothek Lesestoff. Einige alte alpine Zeitschriften . . . „Und doch sagte der Jäger darauf: Mich gelüstet nach Honig."
Herrgott, so einen Schmarrn haben die Leute noch vor dreißig Jahren lesen können ohne Lachkrämpfe zu bekommen!
Ich holte mir anderen Lesestoff. Eine moderne Illustrierte . . .
„Farah Diba denkt immer an ihr Volk." – Da bekam ich moderner Mensch wieder einen Lachkrampf.
Ich ging vor die Hüttentür und sah dort in dem Nebel und dem Regen keine zehn Meter weit. „Vorgestern war um diese Zeit noch das herrlichste Wetter!" sagte der Hüttenwirt.
Fritzerl hatte in der Hüttenbibliothek inzwischen ein altes Hausfrauenmagazin entdeckt und war begeistert. „Du – weißt du schon, daß man auch aus verfaulten Erdbeeren Marmelade machen kann, wenn man diese vorher nicht verfaulen läßt?"
Also flüchtete ich nochmals vor die Hüttentür. „Wenn es heute nicht mehr schön wird, dann ganz bestimmt morgen, oder übermorgen", tröstete mich sanft der Hüttenwirt. Fast hätte ich wieder gelacht.
Um zwölf Uhr mittags regnete es noch immer. Wir bestell-

ten Gulasch und Bier. Unsere Abschiedsmahlzeit. Mit dem Abendzug wollten wir nach Wien zurück. Nach dem Essen ging ich wieder vor die Hütte. Das war im Lauf dieses Vormittags bereits zu einer fixen Gewohnheit geworden. Noch immer sah man kaum zehn Meter weit. Und doch war es diesmal anders: Es regnete nicht mehr.

„Fritzerl!“ sagte ich. „Wir machen einen kleinen Verdauungsspaziergang.“

„Verdauungsspaziergang? Seit wann nimmt man dafür Seil und Schlosserei mit?“

Wir gingen durch den Nebel. Wir gingen durch ein uns unbekanntes Bergland. Und wir sahen noch immer kaum zehn Meter weit. Die Rockspitze mußte aber irgendwo sein. Wo? Nach steilem Anstieg erreichten wir einen Sattel. Das Pazieljoch? Dann mußten die Felsen links davon der Rockspitze-Südpfeiler sein. Wir kletterten hoch. Wir waren zwar noch immer auf einem Verdauungsspaziergang, aber diese Felsen erschienen uns dennoch zu wenig „pfeilerhaft“. Also kletterten wir wieder ab.

„Trotzdem war es ein schöner Spaziergang“, sagte ich.

„Ein sehr schöner Spaziergang“, versicherte Fritzerl.

(Wo steckt in dem verdammten Nebel die Rockspitze? Wo?) „Manchmal muß man am Berg auch verzichten können“, sagte ich betont gelassen.

„Immer kann man nicht mit dem Kopf durch die Wand rennen“, sagte Fritzerl.

(Wenn doch der Nebel nur für eine Sekunde aufreißen würde! Nur für eine Sekunde!)

Und da riß der Nebel auf. Wir sahen endlich die Rockspitze, und wir sahen auch, daß wir „um einen Berg zu weit“ gelaufen waren. Jetzt wußten wir endlich, wohin unser Verdauungsspaziergang führen sollte.

Den Südpfeiler erkletterten wir in einer Stunde, weil die nächste Regenfront bereits im Kommen war. Trotzdem genossen wir diesen Traumpfeiler. Größter Eindruck: die Warzenwand. Die „Warzen“ sind quergelagertes härteres Gestein im Kalk, das dem Regen der Jahrtausende länger getrotzt hat. An diesen „Warzen“ klettert man wie auf einer Leiter höher. Wie auf einer Leiter!
Von einem österreichischen Kaiser wird erzählt, daß er von einem Bittsteller Woche für Woche bedrängt wurde. Bis eines Tages der Monarch zu seinem Hofmarschall leicht verbittert sagte: „Und Sie werden's sehen, der Trottel setzt seinen Wunsch noch durch!“
Man muß nur etwas wollen, um es durchzusetzen. Immer, wenn Fritzerl und mir etwas gelang, was wir wollten, erinnerten wir uns an diese Kaiser-Geschichte.
„Trottelchen!“ sagte ich daher zu Fritzerl, als ihre rote Zipfelmütze im Ausstiegskamin auftauchte.
„Trottelchen!“ rief Fritzerl begeistert zurück. „Dieser Verdauungsspaziergang war herrlich!“

Sonntag: Abfahrt Bludenz 8 Uhr 20, wieder in Wien um 16 Uhr.
Regen bei der Abfahrt, Regen während der ganzen Heimfahrt. „Soll's regnen!“ sagte ich und streckte mich auf meinem Sitz. Morgen um acht Uhr früh werde ich wieder im Büro sitzen. Man fährt leichter einem Bürosessel entgegen, wenn der Himmel grau ist und weint.
Fritzerl schaute weniger glücklich aus dem Fenster . . . „Den Regen hab' ich gar net gern! Die Birnen brauchen jetzt Sonne, und für morgen habe ich bereits zehn Kilo zum Einkochen bestellt . . . hoffentlich sind die schon richtig reif!“ – Meine Kletterpartnerin wurde wieder zur Hausfrau.

Verliebt in die Berge

Tirolersteig – so heißt ein romantischer Kletterweg auf der Hohen Wand. Domprälat Dr. Alois Wildenauer hat ihn als erster begangen, und seine Beschreibung des Weges im Hohe-Wand-Führer beginnt mit folgenden Worten: „Welcher Wandbesucher hätte nicht den guten alten Tiroler gekannt, dem das Alter wohl Sehkraft und Gehör, aber nicht seinen guten Humor geraubt hatte. Noch sehe ich den Neunzigjährigen am Herdfeuer sitzen und höre ihn vergnügt in sich hineinbrummen, da ihm so gut sein Pfeifchen schmeckt. Nur in seiner letzten Lebenswoche, als der ‚Blasbalg' bereits streikte, war er auf seine Unzertrennliche böse: sie bekam, wie er meinte, Kaprizen und wollte nicht mehr ziehen. Und da er ohne sie nicht leben konnte, legte er sich nieder zum großen Schlaf, um recht lange von den schönen Tiroler Bergen zu träumen. Nun führt noch die ‚Tirolerin' das Haus, und mancher müde Kletterer kehrt bei ihr ein, um sich an der herrlichen Milch, die man dort erhält, zu laben. Gern läßt sie sich dann von den schwierigen Steigen, die man bezwungen, erzählen und bewundert die großen Talente der Kletterer. Dann aber weiß auch sie zu erzählen, daß in Tirol noch viel höhere und schönere Berge seien. Und leicht geht dann der Redefluß von den Tiroler Bergen auf den Tiroler selbst über. - Ich aber gedachte, dem Verewigten ein Denkmal zu setzen in einem Steige, der auch der Tiroler Berge nicht ganz unwürdig wäre."

Das hat kein Ganghofer geschrieben und auch kein Ludwig Thoma gedichtet, soviel Herz steckte aber anno dazumal in alpinen Führerwerken!

Später wurde der Tirolersteig vergessen. Ich entdeckte ihn wieder im Rahmen meines „Zweijahres-Planes", alle Klettersteige der Hohen Wand kennenzulernen. Und war begeistert.

„Tirolersteig? Wahrscheinlich eine senkrechte Alm!" spotteten die Spezln.

Aber bald waren auch sie von diesem Weg begeistert und wurden richtige „Tirolersteig-Fans", die sagen, daß dies der schönste Kletterweg in Wiens näherer Umgebung sei. Die Zeit verging, und als Fritzerl und ich wieder einmal in der Buchhöhle saßen, konnten wir bereits die 997. Begehung in das Steigbuch eintragen.

Magie der Zahl . . .

„Jetzt machen wir auch die 1000. Begehung!" sagten wir.

Es ist etwas Besonderes, einen Tausender in ein Steig- oder Gipfelbuch einzutragen. Auch wenn es in Wirklichkeit meist ein falscher Tausender ist, weil sich einige Leute nicht in das Buch eingetragen haben . . . weil entweder ein Bleistift fehlte, oder die Hände zu kalt waren, oder das Hirn zu sachlich („Was soll dieses Einschreiben in ein Buch?") . . .

Andererseits haben schon die besten Bergkameraden untereinander einen „kalten Krieg" geführt, nur um so einen Tausender in irgendein Buch einschreiben zu können. Besonders hart war der Kampf um den „Tausender" im Gipfelbuch der Guglia di Brenta. Gunther Langes erzählt davon:

„Die Guglia di Brenta, der berühmte Felsturm in der Brentagruppe, ist einer der wenigen Berge, der trotz des vielen Besuches in seinem sehr ordentlich und sehr genau geführten Gipfelbuch alle Ersteigungen fein säuberlich beziffert aufzuweisen hat. So konnte man voraussehen, daß im Sommer 1940 die tausendste Erklimmung fällig werden würde, und die Trentiner Bergsteiger wollten sich die Gelegenheit, ein so seltenes Jubiläum zu feiern, nicht entgehen lassen. Wem aber sollte die hohe Ehre zuteil werden, die tausendste Seilschaft auf der berühmten Guglia di Brenta zu sein? Es gab natürlich viele Anwärter unter den so zahlreichen und treuen und begeisterten Bergfreunden der Brenta. Unter ihnen hatte einer sozusagen mehr Rechte als alle anderen, ein Bergführer nämlich, der am meisten Ersteigungen aufzuweisen, der alle Führen auf dieses kühne Felsgebilde begangen hatte und dazu noch bei einigen schwierigen Bergungen maßgeblich beteiligt gewesen war. Mehr als allen anderen mußte also diesem Manne die Ehre der tausendsten Ersteigung zukommen.
In den ersten Augusttagen des Jahres 1940 fanden sich alle die Anwärter auf die Jubiläumsersteigung auf der Tosahütte ein. Doch nur zwei von ihnen kannten die genaue Anzahl der Ersteigungen, weil sie diese erst kürzlich im Gipfelbuch ausgekundschaftet hatten. Wohlweislich hielten sie aber diese Zahl geheim: sie lautete 995! Nun galt es, für den Tausender gerichtet zu sein! Dazu leisteten sich die zwei zuerst einmal einen guten Scherz.
Da war nämlich eine Seilschaft, die ganz besonders hartnäckig trachtete, die genaue Anzahl der bisherigen Ersteigungen zu erfahren. Dieser Seilschaft vertraute man nun ganz geheimnisvoll an, daß die Ersteigungen auf 998 angelangt wären. Prompt fielen die auf den Schwindel hinein.

Und das kam so. Ein Bergführer, der eben am Abend vorher erst auf der Hütte eingetroffen war, erkletterte die Guglia, um sich von der genauen Anzahl der Ersteigungen zu überzeugen. Er führte somit die 996. Erkletterung durch. Kurz nach ihm betrat die obenerwähnte ehrgeizige Seilschaft, die man mit der Angabe der Ersteigungszahl genasführt hatte, die Plattform des Gipfels in der sicheren und aufregenden Erwartung, damit die tausendste Besteigung buchen zu können.

Mit zitternden Händen griff man nach dem Gipfelbuch, die Riesenbuchstaben, womit man die ‚Tausendste' verewigen wollte, hingen sozusagen in der Luft, da . . . mit einem wilden Fluch mußten die Gefoppten erkennen, daß sie erst Nr. 997 waren.

Während nun andere ehrgeizige Jubiläumsanwärter, vollkommene Teilnahmslosigkeit heuchelnd, in den nahen Felsen rings um Berg und Hütte herumkletterten oder in der warmen Sonne lagen, machte sich der Trentiner Bergsteiger Pisoni, einer von denen, die die genaue Zahl kannten, zum Aufbruch bereit. Vier junge Bergsteiger, die seine Schüler gewesen waren, begleiteten ihn. Aus den fünf Bergsteigern wurden beim Einstieg zwei Seilschaften gebildet. Nun kamen von den hinterlistig lauernden Kletterern zwei von ihren Beobachtungsplätzen herunter und eilten den anderen leise und vorsichtig zum Einstieg nach. Diesen zweien, dem Trentiner Graffer und dem Mailänder Friedrichsen, schien nun der endgültige Sieg gewiß, denn die zwei Seilschaften vor ihnen waren ja 998 und 999!

Da aber sah sich Pisoni, der schon hoch oben in den Felsen war, von denen, die sich so schlau geglaubt, verfolgt. Er erkannte ihre Absicht, und da kam ihm blitzschnell ein noch schlauerer Gedanke: Er seilte sich ab, schickte die vier jungen Bergsteiger, die zwei Seilschaften bildeten, voraus und kletterte als Alleingänger hinterdrein. Damit hatte er seinen Verfolgern ein böses Schnippchen geschlagen: Die Jungen sollten mit ihren zwei Seilschaften Nr. 998 und Nr. 999 bilden, er selbst würde nun als Alleingänger den ersten Tausender der Guglia vollmachen! Der Sieg war ihm nicht mehr zu nehmen, denn die Nachfolgenden konnten ihn zeitlich nicht mehr einholen.

Mit lauten Rufen hatte Pisoni die Nachkommenden, Graffer und Friedrichsen, von der Umstellung verständigt und ihnen so alle Hoffnung genommen. Die beiden sahen sich von seiner Schlauheit geschlagen. Da aber verlegten sich die zwei mit Rufen aus der Tiefe aufs Bitten und Betteln: Pisoni sollte doch auf sie warten und mit ihnen die tausendste Seilschaft formen! Doch der war zuerst einmal recht schwerhörig, er wollte und wollte nicht verstehen und überhäufte dazu noch die Zuspätkommenden mit beißendem Spott. Dann aber kamen von unten Versprechungen: Man wolle allerhand Flaschen abends auf der Hütte auffahren lassen usw. Da wurde das Herz des Pisoni denn doch weich, er wartete auf die Nachkommenden und seilte sich mit ihnen zusammen.

Und so erreichte die tausendste Seilschaft das luftige Haupt der Guglia di Brenta! Damit in alle Zukunft aber ja keine Bedenken auftauchen sollten, wer von dieser Seilschaft mehr oder weniger Verdienst an der Jubiläumsersteigung habe, wer Führer oder Geführter gewesen wäre, trugen die drei ihre Namen fein säuberlich in einem Dreieck in das Gipfelbuch ein:

Pisoni Graffer

Friedrichsen

Am Abend dieses denkwürdigen Tages wurde auf der Tosahütte gar manche Flasche entkorkt, und die erbitterten Rivalen um die ‚Tausendste' waren nun wieder gute Freunde.
Der Hauptheld des Tages aber war nicht anwesend: Der herrlichste Turm der Brenta, die Guglia! Stolz und allein reckte er seine senkrechten Wände und luftigen Kanten in die Nacht."

Eine Hohe Wand ist keine Guglia di Brenta.
Aber den „Tausender" am Tirolersteig wollte ich mir trotzdem holen. Nachdem ich diesen Steig wiederentdeckt und schon mindestens zwei dutzendmal gemacht hatte, empfand ich so etwas Ähnliches wie Hausherrenrechte.
Mein Pech war nur, daß ich am nächsten Wochenende geschäftlich in Florenz sein mußte. Und wenn dieses Wochenende sonnig war, dann würden fünf oder sechs oder sieben Seilschaften den Tirolersteig hochklettern, und irgendein Franzl Müller konnte dann stolz in das Steigbuch schreiben: 1000. Begehung!
Der Sonntag in Florenz war nicht sonnig. Ich hoffte, daß es auf der Hohen Wand regnete, stürmte und schneite. Ich ging im Giardino di Boboli spazieren und hörte einen Studenten mit Mosesbart sagen, daß dieser in der Spätrenaissance errichtete Garten doch ein wahrer „Narrengarten" wäre . . . diese künstlichen Grotten, die beschnittenen und verschnittenen Bäume, der dicke, häßliche Steinzwerg auf einer Schildkröte.
Mir gefiel der „Narrengarten". Man spürt unter seinen alten Bäumen, daß die Menschen, die ihn pflanzen ließen, auf ihre Art mit der Natur Zwiesprache hielten. Zugegeben: auf eine uns heute seltsam erscheinende Art. Aber wie wird man

in fünfhundert Jahren einen Kletterer beurteilen? Auch er sagt doch, daß er selbst im steilsten Fels auf seine Art die Natur sucht.

Und da mußte ich unter Pinien und Zypressen wieder an den Tirolersteig denken.

Ich saß auf einer Bank unter der Statue eines Helden . . . eines Herakles oder Odysseus. Diese Helden waren alle sehr schlau.

Auch wir waren am folgenden Sonntag sehr schlau: Wir waren acht Kletterer am Einstieg des Tirolersteiges.

Acht Kletterer können eine Seilschaft bilden . . . oder zwei Seilschaften . . . oder drei . . . oder vier.

Acht Kletterern mußte die tausendste Begehung des Tirolersteiges gelingen, vorausgesetzt, daß es nicht am vergangenen Sonntag – trotz des Regens – einen Almauftrieb gegeben hatte.

Ich band mich ans Seil und war aufgeregt wie ein Eiger-Nordwand-Mann am Fuß seiner Traumwand. Zweihundert Meter über mir gab es zwar keinen Hinterstoisser-Quergang, dafür eine kleine Höhle mit einer Bank darin. (Wir Wiener Kletterer lieben nun einmal die Gemütlichkeit!) In dieser Höhle hängt an einem Mauerhaken eine Blechkassette und darin liegt ein Buch. Ein kleines, schmales Buch. War darin schon die tausendste Begehung eingetragen?

In dem Buch war die 998. Begehung eingetragen.

Wir bildeten zwei Seilschaften und hatten somit die 999. Begehung und die 1000. Begehung des Tirolersteiges gemacht.

Das erzählte ich meiner Mutter.

Sie sagte: „Das ist schön!“

Aber ich sah an ihrem Gesichtsausdruck, daß sie eigentlich dachte „Na, und?“

Später sagte sie es auch: „Ich glaube, du solltest jetzt schon andere Sachen im Kopf haben. Nicht mehr so verrückte Sachen. Du bist doch jetzt schon Familienvater und nicht mehr ein junger, dummer, verliebter Bua!"
„Mutter", sagte ich, „in die Berge bin ich aber noch immer verliebt!"

Quellenverzeichnis:
Die besten Bergsteigergeschichten wurden folgenden sechs Erzählbänden des Autors entnommen:
Kleiner Mensch auf großen Bergen. Verlag „Das Bergland-Buch“. Salzburg 1952.
Wilde Gesellen vom Sturmwind umweht . . . Verlag „Das Bergland-Buch.“ Salzburg 1955.
Gelbe Wand am grünen See. Verlag „Das Bergland-Buch“. Salzburg / Stuttgart 1957.
Tausend Gipfel und noch mehr. Verlag „Das Bergland-Buch“. Salzburg / Stuttgart 1960.
Bergzigeuner. Verlag „Das Bergland-Buch“. Salzburg / Stuttgart 1964.
Verrückt nach den Bergen. Verlag „Das Bergland-Buch“. Salzburg / Stuttgart / Zürich 1970.